基礎講義
アタッチメント
子どもとかかわるすべての人のために

著
繁多 進

企画・監修
木部 則雄

岩崎学術出版社

本書のなりたち

木部　則雄

本書のアイデアは、偶々、編集者との世間話から生まれました。発達障害、虐待関係の本が昨今、売れていることなどが話題になりましたが、私の脳裏には個人的に長い間の疑問というか、よく分かっていない「アタッチメント」が閃きました。アタッチメントであれば、多くの子どもに関わる専門家、また虐待にも関連するのではないかと思ったのでした。この時に、白百合女子大学でお世話になったボウルビィから直接指導を受けた繁多進先生に「アタッチメント」を語っていただければ、多くの人にアタッチメントの全貌を紹介することができると思いました。

さて、私は一九九一年から四年間、タヴィストック・クリニックの子ども家庭部門に留学しました。ご存じのように、この部門はボウルビィが創設したものです。私は子どものこころの世界のありさまに関心があり、対等な立場で子どもと会話したいと思ったからでした。当時も今も日本の児童精神科では、こうした私の要望に応えてくれる人や施設がなかったからです。今は、この時の経験を基にして、孤軍奮闘といった感じですが、常に新鮮な感覚で臨床を行えていますので、貴重な財産となっています。私が留学した年の前年にボウルビィが亡くなっていますが、四年の間にボウルビィについて学んだことは皆無でした。ただ、ボウルビィの姪であるジュリエット・ホプキンスさんから、当時発刊された『ボウルビィ 母と子のアタッチメント――こころの安全基地』（医歯薬出版社）をいただいただけでした。タヴィストック・クリニックのセミナーやワークショップでは、ほとんど理論的なことに触れることなく、その場での子どものプレイの背後の心情やセラピストの逆転移を吟味していました。これは生の人間同士の関りとして、サイコセラピーがあることを知ることになりましたが、同時に背後にはクライン、ビオン、ウィニコットといった洗練された理論を参考にしていることに気づくようになりました。事実、メルツァー以後、理論セミナーも開催されており、ここではフロイト、クライン、ビオンの理論について学ぶ機会がありました。ウィニコットも同じように、ホプキンスのセミナーなどで理論を学ぶ機会もありました。しかし、私の知る限りボウルビィについて学ぶ機会はなかったように記憶しています。

帰国後、私は数年して白百合女子大学で故小此木啓吾先生、繁多先生の計らいで教鞭を執ることになりました。この時が、私の繁多先生とのアタッチメントの始まりでした。繁多先生は絶えず笑みを絶やさず、独特のジョークで人を笑わせ、常に人の輪の中心でした。当時、繁多先生から指導を受けようと他大学から多くの大学院生が集まっていました。こうした笑みとは裏腹に、アタッチメントに関する知見や識見は理路整然として、見事なものでした。私にとって、ボウルビィとは何者であり、アタッチメントとは何なのかというタビストック以来の疑問の幾ばくかは解消されました。しかし、私のアタッチメントに関する知識は繁多先生からの耳学問にすぎず、いまだに数々の疑問が残っています。

そこで、本書は門外漢である私の疑問に答えていただくという形式で構成することにしました。本書の目次は、私が繁多先生から教えていただきたい項目を思いつくままに列挙したものです。私の疑問とは、アタッチメント、あるいは愛着障害という用語はすべての子どもに関わる専門家には知られているものの、どこまでその概念の成立から皆さんがご存じなのであろうか、まったく別視点から、アタッチメントの研究は飛躍的に展開していますが、これは臨床的にどのような意味があるのだろうかというものでした。アタッチメントが依存と混同されていたり、研究は複雑怪奇となり、外から見ると研究のための研究になっているように感じています。その一方、臨床的にはアタッチメントはメンタライゼーションの骨子となっているものの、そのオリジナリティは曖昧なものとなってしまっています。そうした意味で、本書はアタッチメントに関する曖昧な知識しかない読者から、アタッチメントを専門的に研究している研究者まで、ボウルビィのアタッチメントの原点に一度、立ち戻ってほしいという主旨からなりたっています。

本書は繁多先生と私との対談という形式で行われる予定でしたが、繁多先生はすでに私の知りたいと思っていた目次の完成原稿をほとんど完成しておられました。私を含めた数名の聴衆が、この原稿に基づく贅沢な講義に参加することができました。これは本年の早春に、市ヶ谷にある「こども・思春期メンタルクリニック」の待合で開催されました。私は冗談交じりに口を挟んだだけのことになりました。そのため、本書でより議論しなければならないことも、雑談の域を出ていないことを、予めお詫びしておかなければなりません。繁多先生の原稿のおかげで、本書が想定外に早く完成することになりました。また、いつもお世話になっている長谷川純さんの迅速な対応と、適切な校正に深く感謝しています。

執筆者まえがき

監修者の木部先生と編集者の長谷川さんから声をかけていただいて本書の出版が実現したのですが、実はこのところ「アタッチメントについてもっと多くの人に知ってほしい」という気持ちを持ち続けていました。

記憶は定かではありませんが、数カ月前に、子育てが終わった五十代の母親たちの中に、「もう一度子育てをやり直したいと思っている人が多い」という特集記事が新聞に掲載されていました。その中で、「アタッチメント」というのがあることを知ったことで、とくにそう思うようになった人がいることも紹介されていました。アタッチメント理論が発表されたのは一九六九年で、翻訳本（『母子関係の理論Ⅰ　愛着行動』岩崎学術出版社）が出たのが一九七六年ですし、それですぐにアタッチメント理論が広まったわけでもありませんので、五十代の方たちが大学生の頃、発達心理学や臨床心理学の講義でアタッチメントが取り上げられることは少なかったかもしれません。「アタッチメントというのがあることを知っていたらもっとちがう育児ができたのに！」と思う人たちを少しでもなくしたいとあらためて思っていたこともこの本の出版の動機になっています。

もっと大きな動機は、昨今の児童虐待事件です。警察庁の発表によりますと、二〇一八年の一年間で摘発した児童虐待事件は一三八〇件、被害にあった子どもは一三九四人、摘発された人数は一四一九人（実父六二二人、実母三五二人、養父・継父二六六人）で、いずれも過去最多で、そのうち死亡した子どもが三六人というのです。無理心中と出産直後を除いても二十一名の子どもが親の虐待により死亡しています。二〇一九年になってから起きた千葉の小学四年生の死は、実の父親が娘を死に至らせるような虐待をしたということで全国民が大きな衝撃を受けました。しかし、二〇一八年の一年間でこんなに多くの子どもたちが大きく取り上げられることもなく虐待の犠牲になっているのです。

私たちはどうしてもすぐに「アタッチメントの問題だ」と思ってしまいます。「虐待の世代間伝達」というのは言われ続けてきたことです。子どもの頃、親から虐待された子どもが親になったとき、今度は自分の子どもを虐待するという話です。これは本書でも取り上げました「アタッチメントの世代間伝達」と密接に関わっている問題なのです。アタッチメントというのはそれほどまでにきわめてプラクティカルな問題なのです。この連鎖をどうしても断ち切らなければなりません。

できるだけ多くの人にアタッチメントの重要性を知ってほしいという気持ちで、研究者、臨床家、教育者、院生や学生ばかりでなく、子どもの育児に携わっている両親や保育者にも是非読んでいただきたく、そのための章も設けました。アタッチメント理論が構築されるまでの背景から、理論の骨格、研究の展開、臨床的応用という構成は木部先生によるものですが、現在、子育てにあたっているご両親や保育者の方々は、アタッチメント理論からの子育てについての助言をまとめた十六章から読み始めて、十二章のアタッチメントの効用、十一章のアタッチメントの発達に影響する要因、十章のメンタライゼーションというように読み進め、それから理論の背景や骨格に進むのも賢明な読み方かもしれません。

「村中みんなで」子育てをする地域社会がなくなっているのも、児童虐待が増加している要因の一つなのかもしれません。現在、子育て中の方々には是非読んでいただきたいのですが、すでに子育てを終えてる方々にも読んでいただいて、アタッチメントの重要性をまわりにいる若いお母さんたちに上手に伝え、支援していくことが自然にできるような社会の到来を望んでいます。

大学の発達心理学、臨床心理学、保育心理学などで取り上げられるのはもちろんのこと、中学や高校での「家庭科」の授業でも取り上げられるようになって、親になるときにはほとんどすべての人が「アタッチメント」についての知識を常識として知っているということになればと切に願っているところです。

二〇一九年六月

繁多　進

もくじ

本書のなりたち …… iii
執筆者まえがき …… vii
はじめに――なぜアタッチメントに関心をもったか …… 1

第Ⅰ部　アタッチメント理論の構築

1．ボウルビィについて――その生涯と精神分析との関係 …… 10
2．アタッチメント理論以前――マターナル・ディプリベーションとその批判 …… 15
3．アタッチメント理論の骨格 …… 27
(1) アタッチメント、アタッチメント行動、行動システム　31
(2) アタッチメントと依存　37
(3) 生得的行動　40

(4) 相互作用　43
(5) アタッチメントの発達　49
(6) 設定目標　53
(7) 安全基地　57
(8) ワーキングモデル　62
(9) アタッチメントとパーソナリティ　73

第Ⅱ部　アタッチメント研究の展開

4．SSPとアタッチメントのパターン……80
5．アタッチメントのD型について……98
6．成人のアタッチメント――AAI研究の起源とその展開……111
7．アタッチメントの質問紙調査……122
8．アタッチメントの連続性……126
9．アタッチメントの世代間伝達……132
10．メンタライゼーション……140
11．アタッチメントの発達に影響する要因……151
12．アタッチメントの効用……158

13. 愛着障害について……162
14. アタッチメント研究の今後……168

第Ⅲ部　アタッチメントの臨床応用

15. アタッチメント理論に基づく心理療法……180
16. アタッチメント理論と子育て支援……189
(1) アタッチメント理論からの子育てについての助言　189
(2) 保育園での子育て　199
(3) 保育園、こども園での保育者の役割　209
17. アタッチメントによる乳児院、養護施設で暮らす子どもたちへの寄与……213
(1) 乳児院での養育　213
(2) 養護施設での養育　216
解説――あとがきに代えて……225
引用文献……248

はじめに——なぜアタッチメントに関心をもったか

大学院修士課程を出て最初にした仕事が、都立の幼児だけの入所施設の心理判定員という仕事です。戦後、栄養不良などにより小児結核が流行ったことがあり、もともとはそのアフターケアーのための虚弱児施設として建てられた施設ですが、戦後二十年も経つとそのような子どもはいなくなり、完全に養護施設化していました。主に都立の二つの乳児院から二歳を迎えた年齢超過児が措置変更という形でそれぞれ十数名ずつ入所してきます。一方、六歳になるとあちこちの学童施設にやはり措置変更という形で出て行きます。幼児期の四年間ほどを過ごす施設です。百名定員でしたが実際には九十三〜四名が入所していました。二十名、四十名、四十名と三つのブロックに分かれて子どもたちは生活していましたが、保育者の数は非常に少なく、私が入る前日までは、子ども四十名のブロックでも保育者は五名で、夜勤はもちろん一人、日勤もせいぜい二人でこなしていたというのです。私が入った年から、四十名に対して、保育者が二人増えて七人になりましたが、それでも夜勤は一人でやっていました。

・・**木部**　大舎制（一舎につき二十人以上の児童が生活する施設で、主に病院や学校のような一つの大・・

きな建物中に必要な設備が配置されている）ですね。先生は何年に入られたんですか。

繁多　一九六五年（昭和四十年）です。

木部　この頃は基本的に児童養護施設に入る子どもがすごく少なくなってきた時代ですよね。いわゆる貧困とかそういう人たち、要するにご飯が食べられないから入る人たちは、もうかなり減っていたのではないでしょうか。

繁多　減っていたんだとは思いますが、でもその頃の措置理由はやはり養育困難がいちばん多かったんです。今みたいな虐待とかネグレクトとかいうのは全くなかった。

木部　ふーん。でも養育困難というのはネグレクトにならないんですか。

繁多　そうか、そうですね。養育放棄ですものね。

仕事について一番驚いたのは夜眠りに就くとき、うつぶせになって、「ボーン、ボーン」と頭をふとんに激しく打ち付ける行為を一〇分ほど続けてから眠りにはいる子が七名、仰向けになって頭を左右に振り続けることをやはり一〇分ほどしてから眠りに入る子が六名いました。九十三〜四名のうち合わせて十三名もいたのです。あっけにとられている私に保育者が、「頭を打ちつけるほうはヘッドバンギング、左右に振るほうはヘッドローリングといって、アメリカなどでは一般家庭でもまれに見られるそうですが、日本では施設児だけに見られる異常習癖です」と教えてくれました。そして「このような習癖を治すのも心理の先生の役割かと思います」と付け加えたのです。むろん、見たことも聞いたこともない人が治せるはずがありません。ヘッドローリングをする子にメトロノームを見せながら、頭を押さえて「はい、目だけで追ってごらん」などとやってみましたが、なんの効果もありませんでした。そのほか、指吸い、つめ噛み、夜尿、性器いじり、異食、ボディロッキングなど習癖行動のオンパレードで、夜驚がしばしば見られる子どももいました。

木部　ヘッドバンギングは普通の子でもいるんですよ。体感というか、自分の身体のイメージを作るときに頭をぶつける子はいます。少ないですが、ときどきそういうことを心配して来る方がいます。

子どもたちは数少ない保育者との接触を求めて、保育者のまわりに群がっていました。夕方五時から勤務する夜勤の保育者が引継ぎのために四時四十五分に顔を出すと、それまで日勤の保育者を二重、三重に取り囲んでいた子どもたちが、一斉に夜勤の保育者に向かって突進していく姿は、毎日のことですが、見ていてなんとももののがなしい、しかし、子どもたちの生きるための執念のような、たくましさも感じられる光景でした。その頃はアタッチメント理論はまだ発表されていませんでしたが、マターナル・ディプリベーションに関する翻訳本は出ていましたので、「これもマターナル・ディプリベーションがもたらすものなんだ」くらいにしか思っていませんでした。しかし今思えば、ボウルビィが言っている「アタッチメント行動は生物が行う生命保存のための行動」というのをあの子たちはやっていたのだと思います。何もできない私は唯一できる知能検査や発達検査を毎日のようにやっていました。大人との接触を渇望している子どもたちは知能検査を非常に喜びました。一定時間一人の大人を独占できるからです。五歳ぐらいになると、わざと質問に答えずに、一分でも検査時間を引き伸ばそうとする子どもたちも少なからずいました。そうしてやっていた検査結果をまとめてみると、田中ビネーでも平均ＩＱ六十五、愛研式の発達検査でも平均ＤＱ六十五ぐらいしか出なかったのです。これは当時の概念で言えば、軽度の精神薄弱児ということになります。しかし、児童相談所は、乳児院から幼児施設に措置変更するときに知的発達についてはチェックしてあり、精神薄弱の疑いのある子どもは私どもの施設には入れていないというのです。

：繁多　愛研式というのは、当時、愛育研究所が作っていた発達検査です。：

それから保育者が毎年増員され、五年後には三倍以上になりました。そして、子どもたちの平均ＩＱも保育者数の増加に完全に正比例して伸び続け、五年後にはついに平均ＩＱが百をわずかに超すところにまでになったのです。その間、住環境がよくなったとか、小舎制に移行したというような物理的変化はなかったのですが、施設の敷地内に幼稚園を建て、四歳児と五歳児が通っていました。保育者四人が二クラスを二人ずつで受け持って幼稚園教育らしきことをやっていました。一分で行ける距離ですが、子どもたちは靴をはいて喜んで通っていました。その間は二歳児と三歳児だけが残っているのですから、一人の保育者が二、三人の子どもをゆったりと保育していました。保育者たちはそれぞれに、子どもたちの発達のために何をすればよいのか、どのような経験をさせればよいのか、ということを考えるようになりました。それだけ心理的にも実際上も余裕ができたのです。それが大きかったと思います。もちろん、ヘッド・バンギングやヘッド・ローリングをする子どももいなくなっていました。もっとも、していた子どもたちの習癖が治ったということではなく、その子どもたちは措置変更で出て行って、新たに乳児院から入ってくる子どもたちにそのような習癖をもつ子どもがいなくなったということです。その間の保育者増は乳児院こそより大幅になされていたと思いますので、保育者増がそのような異常習癖の形成を防ぎ、知的発達の遅滞を防いだのだと思います。子どもの発達にとって大人のケア、大人との接触、相互作用がいかに重要なものかを身をもって体験しました。この体験がボウルビィのマターナル・ディプリベーションという概念の妥当性を信じ、アタッチメント研究に従事することに私を導いたのです。

その後、一九七九年に横浜国立大学在職中にボウルビィのいるロンドンのタビストック・クリニックに一年間だけ留学しました。ボウルビィはすでに七十四歳で顧問という形でしたが、オフィスも与えられ患者もとっていました。四階の自分のオフィスから一階にあるウェイティングルームまで必ず患者を迎えに行くという真摯な態度には周りの多くの人々が感銘を受けていました。この人柄が人と人との心の結びつきを根幹とするアタッチメント理論という、心優しい理論を作り出したのだと感じさせられたものでした。

木部　ボウルビィの原稿は、日本で翻訳されているものはほとんど講演原稿ですよね。
　先生の個人史ですが、先生は都立大の大学院を出たあと、伊豆長岡の児童養護施設に行かれたんですよね。
繁多　伊豆長岡にある東京都衛生局の施設でした。ふつうは民生局なんですが、虚弱児施設とか、そういう施設は衛生局が管理していて、そこはもともとは虚弱児施設だったんです。小児結核のアフターケア施設です。戦後、昭和二十年代、栄養不足で小児結核が流行った時代があり、その頃全国に三十くらい小児結核のアフターケア施設が作られました。千葉の成東にあった施設が、私たちの施設の「お兄ちゃん」にあたるものでした。長岡には幼児だけ、学童は成東と、衛生局は二つに分けたわけです。
木部　東京都の都外施設というのは二つだけだったんでしょうか。
繁多　衛生局は二つだけでしたが、民生局の都外施設は千葉などにいっぱいありました。民生局はふつうの養護施設です。
木部　当時から、三歳までは乳児院で三歳になったら児童養護施設に行きますよという、その年齢は一緒だったんですか。
繁多　いいえ、乳児院は〇歳から二歳まででした。今は三歳ですが、その頃は二歳になったら年齢超過児として私たちの施設に来たんです。ほかに民生局の幼児施設というのが片瀬にありましたし、民生局の都外施設はいっぱいありました。
木部　先生は一九六五年に大学院を出てすぐ伊豆長岡の都外施設に行かれて、それは住み込みですか。

繁多　施設の中に男性用の宿舎があり、施設で子どもたちと一緒に住んでいるようなものでした。

木部　その長岡の施設は今は民営化されているんですよね。

繁多　そうです。

木部　当時は都外施設ということで、そこにいた子どもたちはみんな東京都から委託されて来ていたんですね。

繁多　当時、東京には都立の乳児院が二つ、母子保健院というのが世田谷にあり、八王子に八王子乳児院というのがあって、子どもたちは主にそこから来ていました。ほかの小さなところからも一人二人は来ていましたが、その二つが十数人ずつよこすわけです。

木部　そうすると伊豆長岡の施設に行く人たちは、とても悪い用語になってしまいますが、「乳児院上がり」の子どもたちばかりということになりますね。

繁多　そう、ほとんどみんなそうです。家庭から途中で入ってくる子も中にはいましたが、それはもう年間一人か二人ぐらいでした。あとはほとんど乳児院から。生まれてから乳児院、幼児施設、学童施設というふうに、措置変更という形で移っていく子どもたちです。

木部　そこから、そのあとに養子縁組はありますか。

繁多　養子縁組はあるし、里親保護もあります。でも養子縁組や里親保護はそんなにたくさんはなかったです。私は五年間いましたが、その間に二、三組はありましたかね。

木部　当時は十五歳でしたか、十八歳でしたか……。

繁多　学童施設は十八歳まででした。
木部　そうか。十八歳まで居られて、当時の常識からすれば、「金の卵」などと言われて十五歳で中学を卒業して東京に来て生活している人もいるわけだから、そのへんは別にOKというか……
繁多　そうです。高校まで行きたい子は行けるわけですから。
木部　今も児童養護施設は原則として十八歳で出ることになっていますよね。でもふつうの子どもで十八で自立できる人などいないわけで、昔なら十八でOKでしょうが、今は十八ではとても無理だと思ったりもします。
　先生はボウルビィのところに行って、そのあと横浜国大に戻ったんですか。
繁多　そう、その施設に五年いて、それから愛知県の林学園女子短大（今の愛知江南短期大学）に三年いて、そのあと横浜国大に移ったんです。そして、横浜国大在職中に長期出張という形でボウルビィのいるタビストックに一年間だけ行きました。
木部　長期出張とは、長閑な時代ですね。このくらいの余裕がないと、学問って身につかないですよね。

第Ⅰ部　アタッチメント理論の構築

1．ボウルビィについて——その生涯と精神分析との関係

アタッチメント理論はイギリスの精神分析学者で児童精神科医であるジョン・ボウルビィ（Bowlby, J.）が一九六九年に発表した理論です。一九〇七年生まれのボウルビィは外科医であった父親の影響もあって初めはケンブリッジ大学で身体医学を学びましたが、後にロンドン大学のモーズレイ病院やユニバーシティ・カレッジ病院で児童精神医学を学ぶと同時に、精神分析にも興味をもち、メラニー・クライン（Klein, M.）やアンナ・フロイト（Freud, A.）に師事するとともに精神分析研究所で精神分析の技法を学びました。精神分析家の資格を一九三七年にとったとき、英国協会のメンバーは、おとなと子どもの空想世界の探求に没頭していて、人の現実経験にシステマティックに注意を向けることは、分析家の本来の興味からははずれていると考えられていました。資格をとった一九三七年にはロンドン児童相談所に精神科医として勤務、子どもの情緒的問題とそれに悩む両親に直面するというそこでの経験を通して、精神分析家にとって、子どもが親から実際に扱われているやり方、つまり実際の親の養育態度や親子関係を研究することは、子どもが親に対してもっている内的な表象を研究するのと同じくらい必要なことであると考えるようになりました。

しかし、そのことに注意を集中しながらも、親と子の相互作用という広い分野にすぐに取り組んだのではなく、まずは、幼い子どもが家庭から離れて、施設や病院で生活することの問題に関わっていきました。その理由として、第一に、それが子どものパーソナリティの発達に重大な悪影響をもたらすと信じた出来事であること、第二に、その出来事が生じたか否かは議論の余地がないこと、第三に、予防手段を見出すことが可能な分野であるように思えたこと、などをあげています。第二次世界大戦の前にこのような自分の考えを提示したとき、同僚の幾人かに疑いの目をもって迎えられたと述べています（Bowlby 1988）。

木部　これは戦前、第二世界大戦前の話ですよね。スピッツが乳児院で活動していたのも世界大恐慌のころ、第一次世界大戦と第二次世界大戦の間でした。一九二九年に世界大恐慌が始まり、経済的なデプレッションの時代だったんですね。

繁多　そう、だからいろんな精神分析家がかかわっているんですよね。

木部　第二次世界大戦のあと、もちろんウィニコットもそうだし、フェアバーンとか、ほとんどの人が戦争の孤児やそういう人たちをみています。でも、環境問題は確かにあまり触れられてはいなかったんですよね。

繁多　だから一般の家庭の親子関係よりも先に、そういう施設の子を研究したのは、それが明瞭に害があると思ったから、そして状況が明瞭だから、とボウルビィは書いています。精神分析家がどうしてこんなにたくさん施設の問題にかかわったかというと、やっぱり予防手段を考えていたんでしょうね。なんとか予防できるんじゃないか、と。

木部　ふーん。まあアンナ・フロイトもハムステッドに乳児院を作ったわけですからね。それと、ボウルビィってイングランド人ではなくてスコットランド人ですよね。

繁多　そうなんですか。だからスコットランドで亡くなってるんですね。故郷に帰ったんだ。なんでスコットランドで亡くなったのかなと思っていたんですが。

木部　父親は外科医と言ってもかなり上流の、半ば貴族みたいな人で、ボウルビィ自身はそもそも乳母に育てられた人だったと思います。

繁多　そうなんですか。

第二次大戦中は精神科医として医療部隊に所属し、戦後はタビストック・クリニックおよび同人間関係研究所に所属して、臨床活動と研究活動の両面で活躍しました。このタビストックに所属している間にアタッチメント理論を構築したのです。同じくタビストックにいたエインスワース（Ainsworth, M.）との共同研究は一九五〇年代のことです。そして一九九〇年九月にスコットランドで没しています。

ボウルビィが注目されるようになった最初の業績は、一九四四年に発表された四十四人の盗癖をもつ少年についての論文で、乳幼児期に六カ月以上の母子分離を経験した盗癖児に見られる独特の無感動的性格を〝Affectionless character〟と名づけたことは有名です。この研究の経験が一九五一年にWHOのモノグラフで示したマターナル・ディプリベーションという概念を導き出したと言えるかもしれません。この頃までのボウルビィの学説は、おもに精神分析学の枠組みの中で展開されていたとされていますが、その後、ローレンツ（Lorenz, K. Z.）やハインド（Hinde, R. A.）などの比較行動学やハーロウ（Harlow, H. F.）らの実験心理学の諸研究に着目し、これらをウィニコット（Winnicott, D.W.）らの対象関係理論と結びつけて、人間関係の起源に関する仮説、複合的本能反応説（theory of component instinctual response）を唱えました。この仮説は五つの行動パターン（吸う、しがみつく、後を追う、泣く、微笑む）がアタッチメントに寄与するものと指摘したものです。その後、さらに機械工学などにおける制御理論を生物体内の仕組みや対人関係の説明に取り入れてアタッチメント理論を構築したのです。

木部　ボウルビィとウィニコットの関係というのはどうだったんでしょうか。二人は同時代の人ですが。

繁多　ボウルビィはウィニコットのことを尊敬していたみたいです。自分の安全基地の概念はビオンのコンテインやウィニコットのホールディングとほとんど同じだと言っています。

木部　このあとボウルビィはずっとタビストックにいたわけですね。

繁多　そう、定年になるまでずっと。何歳が定年かわかりませんが。

木部　でも定年の後も「名誉教授」みたいなかたちでずっといたわけですよね。

繁多　まあ、タビストックを世界に広めた功労者ですからね。

木部　それと、「無感動的性格」というのは、要するに罪の意識が何もなくやっている、ということですね。ロンドンもナチスに空襲でやられたから、しっちゃかめっちゃかになっちゃったんですよね、きっと。クラインのリチャードという子どもの患者は、ロンドンに行くと、飛行機の爆弾で死んじゃうんじゃないかみたいな、そういう想像をいっぱいしてます。

2. アタッチメント理論以前 ——マターナル・ディプリベーションとその批判

ホスピタリズムからマターナル・ディプリベーションへ

ボウルビィがアタッチメント理論を構築するに至った背景には二つの大きな流れがあります。一つは二十世紀初頭に大きな問題となったホスピタリズムの問題です。乳児院や養護施設で生活する乳幼児の発育がきわめて悪く、二歳まで生き延びる子どもがひとりもいないという乳児院も出てくるほどに惨憺たるものでした。医学的管理を強めたり、人工栄養の改善などに努めましたが、なかなか改善されず、アメリカなどでは里親保護のほうがはるかに有効だということで里親保護が急速に広まっていきました。一方、ヨーロッパにおいては施設での養育方法についての検討も積極的になされ、医学的管理を強めるといったことよりも、保育者がより積極的に子どもと関わるという養護方針を打ち立てることにより、死亡率や病気への罹患率は次第に低下していき、一九三〇年ぐらいまでには身長の伸びなどの身体発育の悪さも改善されてきて、問題は精神発達と異常習癖などの行動の問題へと移っていきました。そのようなことから、一九三〇年までの身体的ホスピタリズムをオールドタイプホスピタリズム、それ以降の精神的ホスピタリズムをニュータイプホスピタリズムと呼んでいます。

木部　つまりこれがスピッツの研究ということですよね。ホスピタリズムという言葉もスピッツが作ったんだと思いますが……

繁多　ドイツのデュッセルドルフ乳児院の院長で小児科医のファントラーという人が作った言葉とされています。

木部　そうなんですか。まあ、これは主としてスピッツの業績ということになりますよね。

繁多　ホスピタリズム研究はそうですね。

一九四五年に終わった第二次世界大戦によって世界中に孤児が数多く生じ、施設などで生活する子どもたちの発達が十全たるものではないことを憂慮したＷＨＯの精神衛生部門の主任に就任したばかりのロナルド・ハーグリーブスは、実は彼も精神分析的な立場をとる精神科医ですが、すでに盗癖児の研究などで家庭のない子どもの問題についても研究をしていたボウルビィに、一九四九年、ＷＨＯの短期間の顧問として、施設児の発達に関する問題の解明に従事するよう依頼したのです。そして、その依頼を受けたボウルビィは実際に活動に入った一九五〇年中の六カ月間において欧米各国から資料を集め、各国の研究者と議論し、そして得られた結論を〝maternal care and mental health〟というタイトルで、ＷＨＯのモノグラフとして一九五一年に出版したのです。ただちに十三カ国語に翻訳され、WHOのモノグラフとしては異例なほどのセンセーションを世界中に巻き起こしました。日本語訳としては『乳幼児の精神衛生』という書名で岩崎書店（岩崎学術出版社の前身）から一九六二年に出版されています。

木部　この六カ月の間にボウルビィはイタリアの孤児院や施設を見に行って資料を集めたんですね。イタリアの施設などはとてもひどかったみたいですね。

その中で、ボウルビィは「乳幼児と母親との人間関係が親密かつ継続的で、しかも両者が満足と幸福感に満たされるような状態が乳幼児の性格発達や精神衛生の基礎である」と述べ、施設児にはこのような母子関係が存在しないところに問題発生の原因があるとして、施設児の障害をマターナル・ディプリベーション（maternal deprivation 母性的養育の喪失）という概念で説明したのです。そのことにより、ホスピタリズムの問題はマターナル・ディプリベーションというより大きな概念の中に包含されるようになったのです。

木部　ここでホスピタリズムというのは、施設の中で行われているマターナル・ディプリベーションということでしょうか。

繁多　ホスピタリズムというのは完全な記述用語なんです。病院や施設において、そこで生活している子どもに生じる問題行動をホスピタリズムと言っている。たとえば「身長が伸びない」というのをホスピタリズムと言っているわけで、原因は言っていない。マターナル・ディプリベーションというのはその原因を説明する説明概念なんです。「なんでこの子は身長が伸びないの？　身長が伸びるのにもマターナル・ケアが必要なんですよ」という言い方になる。それに対して、「説明概念だったらもっとちゃんとした理論的な説明が必要ではないか？」という批判が出たわけです。

木部　これは、「子どもは犬よりも厳しく躾けろ」という教訓のもとに、親の愛情というものが注目されてこなかったということなんでしょうか。

繁多　そうなんです。欧米はそうなんですが、欧米においても自分が親として子を産んだら、やっぱりかわいいでしょう。だからかわいがるわけです。ところが施設なんかでは、「厳しく躾けろ」という文化規範どおりに保育者たちはやるものだから、これだけひどいホスピタリズムが生じたと言うわけです。だけど日本はそうではないですね。ちょっと甘やかしがある。お母さんも甘やかしだけれども保母さんも甘やかしだから、一九〇〇年代の初頭にも施設はあったようですが、そんなにひどいホスピタリズムはなかった。それはやっぱり養育方針の違いだろうということですね。

木部　まあ、そういう意味で言えば、狩猟民族と農耕民族の違いみたいなもので、農耕民族ってみんな集団で助けあいましょうみたいなところがありますからね。

ホスピタリズムという用語が施設や病院で発生する問題についての記述用語であるのに対して、マターナル・ディプリベーションという概念は症状発生の原因論から出てきた説明概念であること、さらに、この概念は施設や病院に限らず、養育不良の母親のいる家庭など多くの事態に波及されうることから、この概念の多義性、包括性、不明瞭性に対してその後議論が集中していくことになりました。そこで、ＷＨＯでは十一年後にマターナル・ディプリベーションの再評価のための"Deprivation of maternal care"（一九六二）というモノグラフを出版しました。六つの論文が収められていますが、ボウルビィの同僚であったエインスワース（一九六二）がボウルビィの考えを積極的に擁護している以外は批判論文でした。ボウルビィがマターナルディプリベーションの発生要因として、施設養育ばかりでなく、母子分離やマルティプル・マザーリング（ひとりの子どもの世話が多くの大人に分散されている事態）もあげていることから、ボウルビィが重視する母子の身体的分離よりも、身体的分離を伴わずに生じる心理的分離のほうがより重要であるという指摘（Andry 1962）や、形態としてなんら欠損のない普通の家庭においても「隠された喪失（masked deprivation）」と呼ばれる完全な喪失が生じうることを指摘（Prugh 1962）する論文、さらには文化人類学者による、未開社会には多くの大人がひとりの子どもを育てる（マルティプル・マザーリング）文化があり、そこではみな成熟したパーソナリティをもつ人間に育っている、などの指摘もなされましたし、その後ラターによる包括的で批判的な論評（Rutter 1972, 1979）もなされましたが、なんといってもマターナル・ディプリベーション批判の中心は、マターナル・ディプリベーションという状況が子どもたちから何を奪い、それがどのように作用してパーソナリティ発達に影響を与えるのか、ということの説明がなされていないということでした。ボウルビィ自身もその点については認めていて、「たしかにマターナル・ディプリベーションという一般的な言葉に含まれる経験が、どのようにパーソナリティ発達に影響を与えるかについての説明に欠けていた。その理由は単純で、当時は適用しうるデータが存在しなかったし、また、WHOに雇用されていたのが短期間であったために、私にはあらたな理論を発展させるのは不可能であった」と後で述べています（一九八八）。

……

木部　ボウルビィがWHOに雇われていたのはすごく短い期間だったんですね。

繁多　六カ月間だそうです。

……

このようにマターナル・ディプリベーションについては多くの批判もありましたが、しかし、この分野の研究を活性化させたこと、施設養育や家庭での育児に社会医学的、予防医学的観点から多くの示唆を提示し、世界中の児童福祉、社会的養護の発展に大きな影響を与えてきたことは疑う余地がなく、この概念の提出には大きな意義があったと思われます。事実、ラター（一九七九）も「子どもの心理的発達に及ぼすディプリベーションと不利な条件の重要性を示す証拠は累積しつつある」と述べ、ボウルビィの主張が確認されつつあることを認めていますし、その後、自ら積極的にディプリベーション研究に取り組んでいます（Rutter et al. 2009）。しかし、そうはいっても、多くの批判があったことも事実ですので、ボウルビィは新しい理論の構築によってその批判に答えなければならない課題をかかえていたことも事実です。

木部　ラターらの研究とは『イギリス・ルーマニア養子研究から社会的養護への示唆――施設から養子縁組された子どもに関する質問』（上鹿渡和宏訳、福村出版、二〇一二）ですね。ルーマニアの施設の話ですが、これは確実にマターナル・ディプリベーションだと書いてあります。でも、ここまですべてを失った状況であってもマターナル・ディプリベーションって言うのかなあという気もしています。というのもあれは施設虐待じゃないですか、強烈な。その意味で、マターナル・ディプリベーションという用語は非常に悩ましい用語なんです。やっぱり概念としてあまりにざっくりしてると思うんです。

繁多　ざっくりしてる。ざっくりしてるから、マターナル・ディプリベーションって言うけれど、「マターナル・ケアの不足がどうして発達不良につながるのか」っていうことをきちんと説明しなければダメじゃないかという批判だったわけです。

木部　ふーん。でも、いわゆる第二次世界大戦が終わって非常に混沌とした時代の中で、マターナル・ディプリベーションにならざるをえない人たちもいっぱいいたわけですよね。そういう意味では、マターナル・ディプリベーションと虐待は違うということですよね。

繁多　虐待とは違うのではないでしょうか。虐待されていなくても、要するにマターナル・ケアがほとんどないということです。

木部　たとえば、貧しくて食わなければいけないから親が働かなければいけない、働かなければ子どもに飯を食わすことができない、ということだとすると、それは確かにマターナル・ディプリベーションですが、虐待にはならないですよね。
戦後の日本でもそうですが、親は本当に働かなければ食えないから、そういう状況もマターナル・ディプリベーションには含まれてしまいますが、虐待ではないですよね。そういう意味で、ざっくりとした概念だから、批判もいっぱいあるわけですよね。

精神分析と二次的動因説

アタッチメント理論のもうひとつの背景は精神分析学です。ボウルビィ自身が精神分析家でありますし、また「歴史的には、アタッチメント理論は対象関係論の一変形として発展した」と述べていますように、精神分析学の影響を強く受けています。アタッチメント理論に達する一歩前の複合的本能反応説が精神分析の対象関係論と深く結びついていたので、「対象関係論の一変形」という言い方をしたのだと思います。精神分析学の創始者であるフロイト（Freud, S.）が母親と子どもの結びつきについて認識し始めたのは比較的晩年になってからといわれていますが、死後に出版された『精神分析概説』（一九四〇）では、子どもにとって母親は最初にして最強の愛情対象であり、母子関係はその後のすべての愛情関係の原型になるものであることを明白に述べています。フロイト以降、精神分析学はさまざまな形で発展していきましたが、アンナ・フロイトやエリクソン（Erikson, E. H.）などの自我心理学派、クラインを中心としフェアバーン（Fairbairn, R.）、ウィニコットなどのイギリス学派、アメリカで発展したホーナイ（Horney, K.）、フロム（Fromm, E.）、サリバン（Sullivan, H.）などのネオフロイト派のいずれもが早期の母子関係をきわめて重要なものと捉えていました。そのような影響も、もともと精神分析学者であるボウルビィは受けているのです。また、オールドタイプホスピタリズムの研究は小児科医が中心でしたが、ニュータイプホスピタリズムになってからは小児科医たちは興味を失い、多くの精神分析学者がこの問題に携わるようになりました。そして、幼少期における長期的な施設入所あるいは母親像の頻繁な交代の及ぼすパーソナリティ発達への悪影響についての観察が行われ、重要な論文が発表されたのです。ローレッタ・ベンダー（Bender & Yarnell 1941）、ジョン・ボウルビィ（Bowlby 1944）、ドロシー・バーリンガムとアンナ・フロイト（Burlingham & Freud 1944）、ウィリアム・ゴールドファーブ（Goldfarb 1943）、デイビッド・レヴィ（Levy 1937）、ルネ・スピッツ（Spitz 1945）という人たちです。後に精神分析の訓練を受けたゴールドファーブ以外は、いずれも精神分析家の資格を有している人たちですので、ホスピタリズムからの流れと精神分析からの流れがここにおいてドッキングした観もあります。

木部　ローレッタ・ベンダーという人を僕は全然知らなかったんですが、『乳幼児の精神衛生』にはたくさん文献が挙げられています。当時の有名人だったんですね。

　しかしながら、早期の母子関係に注目する多くの精神分析学者たちとボウルビィが意見を異にしたのは、なぜ子どもは母親を特別の対象として追い求めるようになるかという母子の結びつきの起源に関する考え方についてです。アンナ・フロイトは「子どもの最初の愛は要求充足や生理的快をもたらす授乳そのものに向けられ、やがてその快をもたらすものが何であるかを理解し、子どもの愛はミルク、乳房へと移って行き、さらに、緊張を取り去ってくれる究極的な源が何であるかを知って、子どもは母親や養育者に愛を感じるようになる」と主張しています。このように生理的満足を媒介として結びつきが生じるという考え方を二次的動因説と呼んでいますが、精神分析家のほとんどがこの二次的動因説を採用していました。二次的動因説とはいえないハンガリー学派の出生直後からの原始的な対象関係を仮定した理論も、それを修正したメラニー・クラインの母親の乳房を最初の対象として仮定する考え方も、ボウルビィにとってはとても納得できるものではありませんでした。学習理論家たちも当然二次的動因説を主張していましたので、一九四〇年代、五〇年代までは二次的動因説一色であったといえるかもしれません。しかし、ボウルビィは当初からこの二次的動因説に批判的で、アタッチメント理論を発表する十年以上も前の一九五八年に二次的動因説を批判する論文を雑誌に投稿しています。二次的動因説を捨て、クライン学派の理論を捨てたことによってボウルビィは新しい理論を公式化することを迫られていたのです。このことが「アタッチメント行動」という概念をもたらしたと自ら述べています（一九八八）。そして、一九五八年に書いたこの二次的動因説を批判する論文を〝Attachment and Loss〟シリーズ（『母子関係の理論Ⅰ・

Ⅱ・Ⅲ』岩崎学術出版社）の第一巻、『愛着行動』の巻末に付録として「母親に対する子どもの結びつき：精神分析学の文献に関する評論」という表題で載せているくらいですので、新しい理論で二次的動因説を打ち砕くことにいかに強い意欲を持っていたかが伺われます。マターナル・ディプリベーション批判に答えると共に、この二次的動因説を打ち砕くことも新しい理論に負わされた課題だったのです。

木部　二次的動因説を捨てたということは、一次的動因説ということになるんですか。
繁多　ボウルビィが言っているのは、一次的動因説というより「本能行動説」です。「生理的欲求の充足を媒介として」というのが二次的ということです。
木部　そうですよね。「おっぱいをあげる人がお母さんだから、そのお母さんに対して愛情を向ける」というのを二次的動因説と言ったわけですよね。それに対してボウルビィが言うのは、おっぱいなんか関係なくて、そのままインプリンティングみたいに、カモみたいに、ただくっついていくんだ、と……
繁多　そうそう。比較行動学から出てきた発想で、「動物はみんなそうだろう」と。「生まれたばかりの赤ちゃんはみんな生んでくれた人にしがみつこうとするではないか」と。「それは人間だって持っていますよ」と、そういうことです。
木部　というと、いわゆるアタッチメントは本能であるということですよね。
繁多　他個体とくっつこうとする「行動傾性」いわゆる本能を人間の乳児は誕生時から持っていて、

∴その本能的行動を用いた相互作用を通してアタッチメントを形成する、ということです。∴

そういう意味では、ボウルビィがアタッチメント理論を構築するまでの間に追い風が吹き始めていたことも事実です。そのひとつはローレンツ（Lorenz）が観察した刻印付け（imprinting）という現象です。これはローレンツが一九三〇年代に発見したものですが、精神分析学や心理学の分野ではあまり知られておらず、それを人間の乳児で検討したグレイ（Gray 1958）の論文が発表されたことにより、刻印付けが心理学者や精神分析学者にも注目されるようになったこと（もっともボウルビィはその前から友人に聞かされて知っていたと述べていますが）、さらに二つ目は、ハーロウら（Harlow & Zimmermann 1959; Harlow 1961）のアカゲザルを用いた一連の研究が発表されたことで、二次的動因説に対する疑問は大きく広がっていったのです。刻印付けは食物など与えなくてもアタッチメント行動は生起することを示していますし、ハーロウの実験も、針金製模型から しか授乳されない子ザルたちも授乳以外のときは布製模型にはるかに多くしがみつき、布製模型だけが子ザルたちの安全基地になれたという周知の実験で、いずれもミルクを与えてくれる人を追いかけるという二次的動因説にとってはきわめて都合の悪いものでした。このようにして、ボウルビィのアタッチメント理論が提出される前夜は二次的動因説が急速に説得力を失いつつあるときでもあったのです。

3. アタッチメント理論の骨格

二次的動因説を否定し、マターナル・ディプリベーション批判に答えるために、ボウルビィは比較行動学、進化論、制御理論をも取り込んだ壮大なアタッチメント理論を一九六九年に発表しました。それは "Attachment and Loss" シリーズの第一巻 "Attachment" で、一九七三年には第二巻 "Separation: Anxiety and Anger" が、そして一九八〇年には第三巻 "Loss: Sadness and Depression" が刊行され、このシリーズは完結しています。アタッチメント理論の骨格はすべて第一巻 "Attachment" におさめられています。

木部　ボウルビィのあの全三冊は何年にもわたって書いた本なんですよね。

繁多　そうです。ぼくが行った七九年にはもう第三巻が書きあがっていて、ボウルビィは「やっと書きあがった」と言ってほっとしているところでした。余談ですが、第三巻が完成して出版される前に、「ガーディアン」紙に、ボウルビィの本が完成したという特集記事が出たんです。見開き二頁の大々的な特集で、イギリスにおけるアタッチメント理論に対する関心の高さを改めて思い知らされました。

アタッチメント理論は特定の個人に対して親密な情緒的きずなを結ぶ傾向を人間性の基本的な構成要素とみなす理論です。それはすでに新生児期に原初的な形で存在し、成人から老年にいたるまで存在し続けるのです。乳幼児期、児童期には、きずなは、保護し、安心させ、そして支持してくれる親（または親に代わる人物）との間に結ばれます。健康な青年期や成人期においても、きずなは存続していきますが、そこで結ばれる新しいきずなは、一般的に異性との間で結ばれることを通して、補完されていきます。アタッチメント理論の本質的な特徴は、人間の赤ん坊は、適切な環境であれば、自分を養育してくれる人に多少とも接近した状態を維持しようとする一連の行動パターンを発達させるような遺伝的特徴をもって生まれてくるということ、および、接近した状態を保とうとするこうした傾向は、動き回る乳児や成長しつつある子どもをさまざまな危険、すなわち、人間の進化に適した環境では、略奪者に襲われる危険が最大のものであったでしょうから、その危険から保護する機能を有しているということです。ボウルビィが「人間の進化に適した環境」というとき、その環境とは、人間がもっぱら狩猟採集生活をしていた頃の環境のことを指していて、そこでは、たしかに、守ってくれる大人のそばにいることが、肉食動物（略奪者）やその他の危険から保護してもらうための最も確実な方法だったにちがいありません。

木部　これはふつうの動物も一緒ですよね。

繁多　一緒です。比較行動学の知見から来ているのです。

誕生以来、人は、社会的な関わりを持とうとする原初的な能力や、そうすることへの喜びを表します。つまり、人間の一生の間に自閉的な時期というのは存在しないということです。さらに、数日のうちに、乳児は、匂いや声、抱き方によって、母親と他の人物を区別することができるようになります。初めは泣くことが自分の世話をしてもらう必要性を伝える唯一の手段でしたし、満足することが要求の満たされたことを示す唯一の手段でしたが、しばらくすると、社会的微笑が母親の関わりを強力に助長するように働き、乳児の情緒的な交流のレパートリーは急速に広がりをみせるのです。このようにして繰り返される相互作用を通して、乳児は生後六カ月ころには、多くの場合、母親を最初のアタッチメント対象にしていくのです。

ボウルビィはアタッチメント理論の顕著な特徴として、次の三点を挙げています。

① 個人と個人の間の親密な情緒的きずなの原初的な状態や生物学的機能、それらを形成し、維持することは、相互関係の中で自己やアタッチメントの対象に関するワーキングモデルを利用しながら、中枢神経系にあるサイバネティックなシステムによってコントロールされていると仮定されていること。

② 両親、とくに母なる人物による育てられ方が、子どもに及ぼす強い影響があることを強調し

ていること。

③　乳幼児や児童の発達についての現在の知見は、発達の経路についての理論が、人が固着したり、退行したりする特定の発達段階を強調するような理論にとって代わることを必要としていること。（一九八八）

繁多　このへんがどうも精神分析の発達論と違うことを強調しているようなんですね。つまり、生まれてきた赤ちゃんはいっぱいある発達の経路のいずれかを選ぶということ。精神分析の発達論は、一つの発達のコースがあって、そこに固着したり退行したりするかしないかによって決まってくるというのですが、そうなんですか。

木部　まあ、基本的には一つのラインがありますよね。単純に言えば、子どもが分離不安に耐えて幼稚園になったらちゃんと一人で遊べます、というプロセスの中には、母親というきちんとした安全基地をすべてのふつうの健康な子は作ることができるんだ、というふうに考えているので、一つのラインでは考えていると思います。

繁多　ボウルビィは非常にたくさんのラインを考えていて、生まれてきたとたんに、その子がどのラインを歩むことになるかが決まるというわけです。母親とか家庭の状況とか、母親の性質とか……。そこがどうも違うようです。

木部　精神分析はそもそも人間を、本能が壊れた存在として見ているんですよね。あるいは本能を抑制する存在として人間を見ているわけです。どうやってエスなりイドなりを制御するか、コントロールするか、というのが人間であると。それに対してアタッチメントは、本能をそのまま解放すればそれはよいことである、という考えですよね。精神分析は、少なくともフロイトは、第一次世界大戦後に本能を悪いものと考えていて、そこは精神分析の人と本質的に相いれない部分なんですよね、きっと。

繁多　そうなんでしょうね。ウィニコットなどには最後まですごく好意的ではあるんですけどね。

ここではアタッチメント理論の骨格を形成する重要な事項について解説しながら、アタッチメント理論の全体像を明らかにしていくことにします。

(1) アタッチメント、アタッチメント行動、行動システム

ボウルビィが、赤ん坊が母親とほかの人とを区別し、母親という特定の人物に対して注意や関心を集中させていく心理機制をアタッチメント（attachment）と呼んで以来、愛情をともなった心の絆（affectional bond）をさす用語として広く用いられるようになりました。日本語訳としては愛着という用語が定着してきています。赤ん坊は生後六カ月頃になると、目の前にいた母親がいなくなると泣きわめいたり、後を追おうとする行動が出てきます。他の人がいなくなっても平気なのに、母親がいなくなると泣き出します。他の人がいくら慰めても泣きやまないのに、母親が戻ってきて

慰めるとぴたりと泣きやみます。母親という弁別された特定の対象に対して「この人が自分の保護に一番責任をもっている人だ。だからこの人のそばにずっといたい。この人大好きだ」という愛情と信頼の感情が向けられた瞬間です。アタッチメントの形成です。その恋焦がれる心情をアタッチメントと呼び、その心情を示す、後追い行動とか、接近・接触を求める行動といった具体的行動をアタッチメント行動と呼んでいるのです。

木部　ここで先生は「心理機制」という言葉を使っていますが、ここはさっきの「アタッチメントは本能である」ということと違っていませんでしょうか。

繁多　ボウルビィはこの心理機制は本能的行動から導き出されたものですよと言っているわけです。affectional bond とアタッチメントのことを説明しています。これは心の働きだから、完全な心理機制と言っていいと思いますが。

木部　affectional bond というのは誰が言った言葉なんですか。

繁多　ボウルビィです。

木部　では、ボウルビィは、アタッチメントと affectional bond を別物と考えたということですか。

繁多　いいえ同じです。

木部　アタッチメントは愛情を伴わないんではないかとぼくは思っているんですが。つまりオリジナルはさっき話にあったように、子ガモが親ガモにくっついていくだけの話だから、そこに愛情はないですよね。それは本能であって、そこにアフェクションが加わってきたら、それはボンディングと言われるようなことになる。先生も「特定の人物に対して注意や関心を集中させていく」と言っていますが、「愛情」や「情緒」については言っていませんよね。子ガモが親ガモについていくのには愛情は関係ないですもんね。

ボウルビィのアタッチメント理論は、状況によって出現したり、消失したりするアタッチメント行動と、子どもや大人が特定の人物との間に築く持続的なアタッチメントとの両方を説明しようとするものです。一九六九年にアタッチメント理論を発表したときには、この二つはあまり明瞭には区別されていませんでした。そのための混乱もあったため、今日では明確に区別されています。アタッチメント行動は人間の本質に欠くことのできないものであるとともに、他の種の動物とも共有しているものです。すでに触れましたように、アタッチメント行動の生物学的機能は「保護」機能です。「略奪者からの保護」です。アタッチメント行動を通して、人間は自らの生命の維持を確かなものにしようとしているのです。アタッチメントは限られた人物にしか向けられませんが、アタッチメント行動は、危険が差し迫っていて、アタッチメント対象がそこにいないときなどは、助けてくれそうな他の人に向けられることもあります。

繁多　ボウルビィは、本当はこのアタッチメント行動が本能的であると思っているわけです。

……

木部　はあはあ。つまりくっつかないと、いつどこから敵が来て食われちゃうかもしれない、と。

繁多　そうそう。チンパンジーやゴリラだってくっつこうとするわけだから。

……

この理論の鍵となる概念は「行動システム」という概念です。これは体温や血圧などの生理的指標が適正な範囲内に保持されることを保証している生理的システムのように、ホメオスタティックに組織化されています。この行動システムには多くの異なる行動が含まれていますが、さまざまな行動を一つの行動システムへとまとめあげているのは、それらのさまざまな行動がある共通の目標のために働いているからです。ボウルビィはこの共通の目標を設定目標と呼びました。これは「予測可能な結果」ともいえます。一度、システムが活性化すれば、ある決まった結果が生じるということを意味しています。そして、アタッチメント行動システムの予測可能な結果とは、子どもに愛着対象との近接を得させ、それを維持させようとすることです。そうすることで愛着行動への欲求を沈静化させるのです。怖い思いをしたり、疲れきっていたり、病気になったりしたときに、その行動システムは最も活性化し、アタッチンメント対象に慰められて元気を取り戻すことによって鎮静化します。

この行動システムを活性化させる要因として①子ども側の要因、②母親（アタッチメント対象）側の要因、③環境の要因があげられます。子ども側の要因としては、疲労、空腹、病気、苦痛などが、母親側の要因としては、母親の不在、母親との離別、子どもの接近に対する母親の拒絶などが、環境の要因としては、危険な出来事の発生、他の成人や子どもたちによる妨害、などがあげられます。これらのことが生じたとき、アタッチメント行動システムは最大限に活性化します。

ある子ども（あるいは大人であっても）が、誰かにアタッチメントをもっているということは、その人物に接近と接触を求める強い傾向があることを意味しています。このように行動する傾向は、誰かにアタッチメントをもっている人の属性であって、時間がたってもあまり変化せず、そのときどきの状況にも影響されない持続的な属性です。これに対して、アタッチメント行動とは、望んだ接近・接触を実現し、維持しようとして、人がそのときどきに示す行動のさまざまな形態をさしているのです。

木部　このアタッチメント行動を調べる最終的な形がSSP（ストレンジ・シチュエーション法）ということでしょうか。

繁多　アタッチメント行動を調べると言っているのですが、私は、エインスワースもそう言ってるんだけども、要するに、どういうふうに行動するかというのは、ワーキングモデルを調べているんだと思っているんです、SSPは。

木部　はあはあ、内的ワーキングモデルですね。

繁多　ボウルビィの三巻の中にはどこにも「内的」とは書いていないんです。だからボウルビィのワーキングモデルには「内的」をつけてはいけないんだと思います。

木部　ふーん……。ときどきわからなくなるんですが、このアタッチメント行動というのは、外的な何かの危機的な状況に会った時にその人がとる行動ということですか。

繁多　そうです。基本的には保護機能だから、自分が具合が悪い時でも外的な何かがあるときでも、自分の生命を守るための行動ですよね。強い人にくっついているのが一番安全だから。

木部　はあ、はあ。でもそのことは、さっきのSSPを調べることと連続していないんですか。

繁多　行動自体をSSPで調べているのですが、「その行動はどこから来てるの」と言えば、やっぱりワーキングモデルから来てると思うんです。生後六カ月でアタッチメントが付くときは、まだワーキングモデルはないんです。ワーキングモデルというのは、「このお母さんどういう人」という評価ですから。赤ちゃんのお母さんに対する評価。はじめのうちはそういうものはなくて、お母さんのことが大好きだからくっついているわけでしょう。お母さんがトイレに行ったら泣いて、トイレまでついて行くという、そういうアタッチメント行動を繰り返しながら、だんだんとどれほど自分に応答してくれる人か、といったワーキングモデルをつくっていく。ボウルビィは、だいたい九カ月くらいからそれができ始めていると思っています。

なぜ一歳でSSPをやるかというと、一つは、移動ができなかったら実験にはならないからです。一歳だったら歩く子はいるし、ハイハイできない子はいませんので。それと、ワーキングモデルができているということ。だから、ぼくはSSPはワーキングモデルを測っているんだと思っているんです。

ボウルビィのアタッチメント理論は、ゆりかごから墓場までの個人の精神的健康は、情緒的支持や保護を提供するアタッチメント対象との間にどのような関係をもつかということと密接に関わっていると主張するものです。

⑵ アタッチメントと依存

ボウルビィがアタッチメントと呼んだ概念は、従来は依存（dependence）と呼ばれていた概念に近いのかもしれません。ボウルビィが依存という用語を避け、アタッチメントという新しい用語を用意した背景には、第一に、依存という用語が二次的動因説を支持する精神分析学者や心理学者によって、子どもは生理的満足の源として母親に依存するという考えに基づいて用いられてきたという歴史があること、次に、依存とアタッチメントとは別のもので、依存は最も無力な誕生時に最高で、その後成熟するにつれ減少していくのに対して、アタッチメントは誕生時にはなく、その後に現れて、その後も続いていくこと、さらに、人間関係において、依存的と呼ばれることはネガティブな意味を含んでいるが、他の人物にアタッチメントをもつということは望ましいことだとみなされる、といった理由があると述べています。当時、欧米で支配的であった、Individuation and Separation という文化規範を Individuation and Connectedness に変えたいという意思もボウルビィの中にあったのかもしれません。つまり、自立のためには分離が必要というのではなく、一個の人格を持った人間として自立するためにはしっかりした結びつきが必要なのだということを強調したかったのかもしれません。事実、ボウルビィのアタッチメント理論はすでにそのような変化をもたらしていると言えるのかもしれないのです。

木部　ウィニコットは、赤ん坊は生まれた時、母親に対して「絶対依存」だというわけです。絶対依存がだんだん相対依存になっていくんだと。

繁多　そうでしょう。アタッチメントは生まれた時はゼロで、六カ月たってやっと現われ、それから一生続くものなので、全然違うとボウルビィは言うわけです。

木部　はあ、それは納得のいく話ですね。

いずれにせよ、二次的動因説を否定し、アタッチメントこそが生涯にわたってその個人の精神的健康に寄与すると主張したいボウルビィにとって、依存という用語はどうしても避けなければならないものだったのです。同時に、このアタッチメントという概念の提出は、母性的養育を喪失することで、子どもたちは何を失い、それがどのようにパーソナリティの発達や精神的健康の問題に結びついていくのかという、いわゆるマターナル・ディプリベーション批判に対するボウルビィの回答でもあったのです。マターナル・ディプリベーションによって子どもたちが失うものは、まさにこのアタッチメントの経験であり、健全なアタッチメントを経験できないことが、子どもたちの正常なパーソナリティの発達を妨げ、精神的健康を蝕むのだという主張なのです。

木部　つまりマターナル・ディプリベーションというのは環境に視点を置いたわけでしょう。アタッチメントというのは、一八〇度視点を変えて、子どもの中の本能というものに視点を置いたわけですよね。それはいわばボウルビィの起死回生策ではないでしょうか。

繁多　起死回生策なんです。さんざん批判されて悔しかったもので。

木部　言い換えれば、子ども視点に移している。子どもが環境とどういうふうに関わるか、というところに移したということですよね。

繁多　まあ、環境の影響というのは、アタッチメント理論でも、安定したアタッチメントが形成されるか否かは、親の育て方によるということが書いてありますので、依然としてボウルビィは思ってはいるわけです。

木部　はい、でも子どもに視点を移したということですよね。

繁多　そうです、そうです。

木部　この、子どもの持っている「アタッチメントの能力」というか、そういうものが気質なんでしょうか。

繁多　「気質」の問題というのは、アタッチメントの研究者ではない人たちから出てきたものです。「ABCと言っているのは『気質』を示しているだけじゃないか」という、ちょっと悪意のある批判ですね。今は、双生児の研究とかいろいろな形で否定されているところです。「アタッチメントのABCは気質ではない」というふうに。

木部　ふーん。では、アタッチメントと言った時に、それはすべての子どもに平等にアタッチメントの能力があるということですか。健康な子どもには。

繁多　本能ですからね。もちろん病気で生まれてくる子どもは別ですが。

木部　たとえば自閉圏の子どもとかですね。

繁多　そう。そうでなければ本来ならばだれにでもあるわけですが、相手があるわけだから……

木部　それは環境ですね。

繁多　環境ですよ。やはりそれは環境の影響がある。気質のことは、ボウルビィはほとんど触れません。「気質論」というのは、もうほぼ打ち消されたと言っていいと思います。気質もあるんでしょうが、むずかる赤ちゃんを苦痛に感じないお母さんもいれば、苦痛に感じるお母さんもいる。やはり母親が赤ちゃんをどういうふうにとらえるかだと思います。

(3) 生得的行動

それでは二次的動因説を否定するボウルビィは乳児が母親を追い求めるようになるのをどのように説明するのでしょうか。

アタッチメント理論は、人間の乳児は成人との接近や接触を求める生物学的傾性をもって誕生するという前提から出発します。乳児の成人への接近・接触要求行動は学習によって獲得したものではなく、生得的なものだというのです。いわゆる本能論です。このことを証明するような研究が、アタッチメント理論が提出された後ではありますが、コンドンとサンダー（Condon & Sander 1974）によってなされています。二人の人間が談話をしているとき、話し手の方も身体を動かしていますが、聞き手の方も話し手の言動に合わせて身体の各部を微妙に動かしながら聞いています。この現象をエントレインメント（entrainment）と呼んでいます。いわば身体運動による同期行動です。エントレインメントには、軀幹や四肢の動きばかりでなく、顔の表情の動きなども含まれます。このエントレインメントという現象は、生まれたばかりの新生児にも見られるという研究がアメリカでなされたのです。コンドンらは、生後十二時間の新生児たちに、英語の談話、母音だけの連続音、規則的な打叩音、中国語の談話、の四つの刺激を用意して、それらを生の音声で聞かせる場合と、それらをテープにとって聞かせる場合に分けて実験しましたが、生の音声の場合も、テープの場合も、談話にだけ反応したのです。打叩音や母音の連続音には反応せず、言葉による話しかけにだけ反応したということは、これらの反応が単なる聴覚刺激に対する反応ではないということを意味していますが、注目すべきは、アメリカの北東部生まれの新生児たちが中国語の談話にも反応したという点です。このことは「ことばによる話しかけ」という刺激の持つ固有の構造に対して、新生児たちが同期行動を示したということを意味しているのです。

わが国においては小林ら（一九八三）が精力的なエントレインメント研究を行っています。生後一日目から六日目の新生児に①よしよし、いい子ね、などの決められた言葉で話しかける。②自発的な言葉による自由な語りかけ、③雑音や拍手、の三種類の刺激を与え、新生児の反応を見たのです。刺激は三種類ですが、決められた言葉で話しかける場合も、自由に語りかける場合も、それぞれ母親が語りかける場合と、医師や看護師が語りかける場合にわけて実験していますので、新生児にとっては五種類の刺激をうけることになります。その結果、雑音や拍手にはまったく反応せず、語りかけだけに反応したというのです。決められた言葉での語りかけと自由な言葉での語りかけには差異はなく、また、母親と医師や看護師による場合でも差異はなく、要するに、小林らの研究でも、〝人間による〟〝人間のことばによる〟語りかけが、新生児の反応を呼び起こす固有の構造をもっているということを示唆しているのです。このような現象は、人とのかかわりを持とうとする本能とも言うべきものをもって誕生するというボウルビィの主張を裏付けるものと言ってよいでしょう。このほか、生まれながらにして新生児が人間の顔パターンに好みを示すことを選好注視法という方法で証明したファンツ（Fantz 1961）の実験結果などは、アタッチメント理論以前に出されたものですので、ボウルビィの理論構成に寄与しているのかもしれません。

このように、人間の乳児が示す、人間との関わりを求め、人間との接近・接触を求める行動は、かつて進化の過程において、乳児が（現在の類人猿の乳児がしているように）母親との接触を維持するうえで用いていた行動パターンのなごりであって、そのなごりを現在の乳児は誕生時から示すのだというのです。それらのなごりには抱きつき反射とか把握反射といったものも含まれます。しかし、現在の人間の乳児の身体的接触を維持する能力は、進化の過程でクリンギング（しがみつく）の能力が退化したため、霊長類の中で最低です。チンパンジーやゴリラの赤ちゃんのように母親のおなかに自らの力でしがみついていることはできません。それゆえに、人間の新生児の場合は信号機構がきわめて重要なものになってきているのです。

泣き、微笑、バブリングといった信号は、成人を乳児に近づかせ、接近を維持させる機能をもっています。この乳児‐成人の接近の維持というのは、とりもなおさず、乳児の生命の保護を確かなものにすることにつながります。略奪や遺棄からの保護を確実にするために、これらのタイプの行動が発生的な進化の過程で選ばれてきたというのです。つまり、略奪や遺棄を回避し、自らの生命の保護を確かなものにするために、他の霊長類などと同じように、成人への接近・接触を求める行動パターンが人間にも生得的に備わっているのだというのです。

木部　これが愛着の一巻目に書いてあることですね。つまり本能というか、神経のシステムによってまさしく自分の生命を守るためということですよね。エントレインメントは、ミラー細胞ということですね。

(4) 相互作用

成人への接近・接触を求める乳児の行動が生得的なものであるとしても、母親という特定の対象に対して好みを示し、アタッチメントを形成していく過程についてはどのように説明するのでしょうか。ボウルビィはエインスワースが観察したウガンダの乳児たちが次第に母親の顔への好みを深めていく過程を例にあげて、人間の乳児の弁別的な行動が発達していく過程は次の四つのメカニズムを通して進行すると説明しています。

①ほかのさまざまなパターンよりも、あるパターンを好んで見る内在的傾向（乳児が生後まもなくから人間の顔に好みを示すことは、先にあげたファンツの実験で確かめられています）。
②見慣れたものが見知らぬものから区別される学習過程。
③見慣れたものに近づく内在的傾向（後に見知らぬものからしりごみする内在的傾向）。
④結果のフィードバック（これによってある行動系列は一定の結果をともなうとき増大し、ほかの結果をともなうと減少する）。

このような四つのメカニズムを通して、乳児はアタッチメント対象として特定の対象を選択していくというのです。

木部　この四つのメカニズムは、エインスワースのウガンダの研究から来ていることですね。エインスワースというのはカナダの人（米国系カナダ人）ですが、ウガンダの研究というのは、ボウルビィのところに来る前にやった研究だったでしょうか。

繁多　いいえ、違うんです。エインスワースはタビストックにいて、それからウガンダに行ってこの研究をしているから、私は、「アタッチメントはすべての文化で共通してある」ということを証明するためだろうと思っていたんです。実際は、旦那さんの転勤に付いていったんだそうです（笑）。

木部　ウガンダに旦那が転勤になってしまったからウガンダの研究をすることになったと（笑）。

繁多　エインスワースはタビストックでボウルビィと一緒に働いていたんだと思いますよ、五〇年代に。ウガンダの研究が発表されたのは六三年くらいですからね。

木部　ふーん。そのあとアメリカに戻っていますよね。

繁多　そう、バージニア大学へ。

ボウルビィ（一九六九）は、食べ物が母親への視覚的定位を強化するという証拠は何もないと主張します。実際にあるのは、乳児が母親を注視することが多いほど、母親は乳児に近づいて、話しかけたり、軽くたたいたり、抱きしめたりすることが多くなるという事実です。このような行動の結果は制御システムにフィードバックされるので、乳児の母親への視覚的定位や注視は次第に増大していきます。このように、互いに強化しあいながら母と子の相互作用は自然に多くなっていきます。母親という特定の対象との間に数多くの相互作用を経験し、それをフィードバックしながら、母親とほかの人とを弁別し、母親への志向を強めていくというのです。誰かに接近・接触し、誰かをアタッチメントの対象にしようとするのは乳児に生得的に備わった生得的行動ですが、乳児がアタッチメントの対象として選択するのは、けっして生理的要求の充足をしてくれる人ではなく、日頃から数多く相互作用をしてくれる人だというのです。目を合わせるとか、微笑とか、声をかけるとか、だっことか、運動、リズム、興奮などのごく日常の何気ない相互作用を重視しています。ボウルビィ（一九八八）はアタッチメントを形成する要因となる母子の相互作用の様子を具体的に示しています。

「生後二～三週の乳児と母親が顔を合わせているとき、社会的相互作用と休止が交互に生じている。相互作用はどちらからか、あるいはお互いが求めてはじまり、赤ん坊が手や足を動かしながら母親に注意を向けている間、顔の表情や声をともなった生き生きとしたやりとりになっていく。それから、赤ん坊の活動は次第に弱まり、次の相互作用が始まる前に少しの間赤ん坊が母親から視線をそらすことで相互作用は終わる。このようなサイクル全般を通して、赤ん坊は自然に母親の活動と同じように活動しているように見える。彼らの役割が異なっているところは、彼らの反応のタイミングである。赤ん坊が相互作用を始めたりやめたりするのは赤ん坊自身の自律的なリズムに従っている傾向があるのに対して、感受性の高い母親は子どもに合わせて自分の行動を制御している。くわえて、母親は自分の行動を子どもに合わせて修正もする。たとえば、声はやさしく、しかし普段よりも高いピッチで話し、動きはゆっくりと、そして各々の行為は赤ん坊がどのようにふるまっているかによって形やタイミングを変えていっている。このようにして、母親は赤ん坊を命令する人にさせ、自分自身の反応と赤ん坊の反応を上手に織り交ぜながら対話を作り上げている。」

このような、けっしてドラマチックではない、日常の相互作用を重視し、相互作用の量がアタッチメント形成に重要な役割を果たし、相互作用の質はアタッチメントの安定性（security）に関わると述べています。安定したアタッチメントを形成している子どもは、いつでも母親と直接的なコミュニケーションがとれる子どもであるとして、母と子の自由な認知的および情緒的コミュニケーションの役割がきわめて重要であることをボウルビィ（一九六九、一九七三、一九八八）は強調しているのです。

スターン（Stern 1985）も母子間でなされる日々の相互作用に注目し、それをアチューンメントと名づけました。乳児の感情や行動の意味を読み取り、それに呼応して母親が応答するような相互作用のことで、例として「生後九カ月の赤ちゃんがひとつのおもちゃにとても興奮して、それに手を伸ばし、つかんでは大声で『ああー』と叫びながら母親のほうを見る。母親は赤ちゃんを見返し、まるでゴーゴーダンサーのように激しく上半身をゆする。このダンスは赤ちゃんの『ああー』に呼応して、赤ちゃんと同じような興奮度と喜びと強さをもってなされる」というような母子の相互作用をあげ、スターンはこれを「感情の間主観的共有」とみなしています。スターンによると、母親と乳児が一緒にいると、六十五秒に一回は生じている相互作用で、それをやっている間はそんなに意識していないが、なくなると息苦しくなるようなものだというのです。このように絶え間なく続く経験は、その子どものその後の他者との情緒的コミュニケーション、すなわち共感の基礎となるというのです。カレン（Karen 1994）はスターン、ボウルビィ、エインスワース、ウィニコットといった先駆的研究者たちは一様にアチューンメントを乳児の心理的発達のすべての側面において、中心的な働きをするものだと考えていると指摘しています。

ヒューズ（Hughes 1997）は、もしアチューンメント経験が欠乏したら、①生活に対人関係の世界を持ち込むことができない、②自分の周りの世界への興味の喪失、③自分の泣きや運動が反応を引き起こさないので、自分が積極的に関わるときに必要とされる感覚的な技能や運動的技能を発達させることができない。④身体的接触からも遠ざかる。⑤相互作用がほとんどないため行動は一人で繰り返される。⑥思考の発達にとって重要なコミュニケーションに価値がおかれないため、概念形成や言語の発達も遅れる。⑦対人関係的な意味をもたない物の操作や孤独の中にひきこもる（これがその子にとって最も安全で望ましい方法）、といった重大な問題が生じると警告しています。このアタッチメントの形成にとってきわめて重要な母子間の相互作用に関して、近年、後に詳しく触れますが、メンタライゼーションを伴った相互作用の重要性が指摘されるようになってきています。

繁多　「（赤ちゃんが）お母さんを好きになるのは相互作用ですよ、ミルクじゃないんですよ」と言っているわけです。

木部　そういうことですね。そのことはとても大きなことですね。逆に言えば、多くの保育者と、そのたびごとにアチューンメントしていたら、赤ちゃんは疲れて、過労死してしまいますね。昔の乳児院とかで、ミルクをあげていても子どもが死んでしまうというのはそういうことですよね。

繁多　そうですね。

木部　やっぱり栄養を与えていても死んでしまうというのは、スピッツのいうホスピタリズムの一つでもありますよね。

(5) アタッチメントの発達

子どもは生得的に備わったアタッチメントを媒介する行動システム（泣き、しがみつき、吸引、定位、微笑）を用いて他者との相互作用を繰り返しながら、具体的にはどのようにしてアタッチメントを形成し、発達させていくのでしょうか。ボウルビィ（一九六九）はアタッチメントの発達を次の四段階にわけて考察しています。

第一段階——人物弁別をともなわない定位と発信の段階　誕生から生後十二週くらいまで。この段階の子どもは人に関心を示し、定位、つかむ、手を伸ばす、微笑などで反応しますが、誰に対しても同じような反応をする段階です。誕生間もない赤ん坊は、母親の胎内では経験したことのない不快や苦痛に直面します。一番の苦痛は空腹でしょう。赤ん坊は泣いて訴えます。すると母親が授乳してあげるのですが、自他の分化ができていない赤ん坊は自分とは違う他者がしてくれたとは知らず、空腹で苦しいとき、大声で泣き叫ぶと自分は魔法のテーブルにご馳走を並べることができるのだと思っているのかもしれません。これが後々の自己効力感とか自己肯定感につながっているのかもしれません。いくら空腹を訴えても、なかなか授乳してもらえない赤ちゃんはそのようなものを育てにくいということはあるかもしれないからです。

第二段階——一人（または数人）の弁別された人物に対する定位と発信の段階　生後四カ月目から六カ月くらいまで。生後十二週以降、人に対する親密な反応は増大しますが、その行動は母性的人物に対してより顕著に示されます。「三カ月微笑」いう言葉がありますが、これは誰に対しても同じように微笑するのは三カ月までで、それ以降はだんだん弁別的になってくるという意味です。たしかに、ほかの人があやすより母親があやしたほうがより微笑むというように、母性的人物に対する弁別的な反応が明確になってきますが、その母性的人物の不在に対しては悲しみを示すということはまだない段階です。この段階では自他の分化ができていますので、自分が空腹のとき泣き叫ぶとご馳走をくれたのは自分とは違う母親という他者なのだということに気づいています。しかし、一人の人間を全体として統合的に捉える認知能力はまだ十分ではないので、非常にやさしくて聖女のような人と、少し意地悪もする魔女のような人が入れ替わり立ち替わり自分の世話をしていると思っている段階なのかもしれません。

第三段階——発信ならびに手段による弁別された人物への接近の維持　生後六カ月くらいから三歳くらいまで。乳児の弁別能力は確固としたものになり、また、移動も可能になってくるので、母親に対する反応とほかの人に対する反応との間に明らかな差違が見られるようになります。この段階では一人の人間を統合的に見ることができるようになっていますので、母親という一人の人間が聖女をやったり魔女をやったりしていたことに気づいています。しかし、多くの乳児は、聖女の部分のほうが多いのだから、いざというときには必ず守ってくれるという全幅の信頼を寄せて、母親との分離に悲しみを示し、母親との再会を喜び、怖いことがあると母親のもとに飛び込み、母親がそばにいると探索のための安全の基地として母親を使用するというような、誰の目にも明らかな分化した行動が現れます。この時期には最初のアタッチメント対象（多くは母親）に続いて、父親、祖母といった二次的なアタッチメント対象も出てきます。人生において最もアタッチメント行動が活発な時期です。

第四段階——目標修正的協調性の形成の段階　三歳以降です。第三段階の間にも目標修正的行動は始まっています。つまり、子どもは苦悩を終わらせる条件や安全を感じる条件を発見し、これらの条件を設定目標とした計画を立てることがすでにできるようになっています。これは子どもが満足を感じるアタッチメント対象との接近の程度と関連した概念ですが、この設定目標を持つことによって子どもは自らのアタッチメント行動を自らコントロールして目標修正的な行動をとることができるようになります。たとえば、自分に満足を与える条件が何であるかをよく理解していない生後六カ月の乳児は自分が不安や苦痛を感じれば泣き叫ぶでしょう。その際、母親が接近しつつあるか、遠ざかりつつあるかで泣きに変化が生じるということはありません。苦痛が取り除かれるまで泣き続けるだけです。ところが、母親が見える範囲なら安全を感じるからその範囲内で行動したいという設定目標をもっている満一歳の子どもなら、母親が遠ざかって視野からはずれそうになると泣き叫ぶでしょうが、近づいてきて視野に入ってくると泣きを弱めたり、やめたりするでしょう。このように設定目標をもっている子どもは、自分の設定目標と現実のズレの程度に応じて行動を修正しながら、そのズレをうめていく作業をすることができるのです。子どもが設定目標をもつようになるのは生後八、九カ月以降であるとされています。後に述べるワーキングモデルを作り始める時期と一致しているのです。

第三段階の子どもが母親を安全の基地として利用して、母親から離れていくことができるようになるのはそのためですが、しかし、この段階の子どもたちは、どんなつもりで母親は自分に近づいたり離れたりするのかをはっきりとは理解できないし、母親の行動を自分の都合のよいように変えさせるために、どのような手段を用いることが最も効果的かということもまだよく理解していません。複雑な母親の行動を正確に理解し、それに合わせて自分の行動を調節していくというようなことは、一歳や二歳の第三段階の子どもたちにとっては至難の業なのです。しかしながら、事態はやがて変化してきます。子どもの認知能力の発達にともない、子どもは母親の行動を観察しながら、母親もなんらかの設定目標をもって行動していることや、（実際に母親も子どもの安全を確認しながら行動するという設定目標をもって活動しているのですが）その目標を達成するために、どのような手段を用いようとしているかといったことをかなり洞察できるようになってきます。つまり、母親の感情や動機を洞察できるようになったということです。こうなると母親が見えるところにいなくてもあわてふためくことはなくなってくるものの、母子関係はかなり複雑なものになってきます。母親がしようとしていることが自分の目標にとって都合の悪いものであったら、その母親の計画そのものを変えさせるか、自分の目標を修正しなければなりません。

たとえば、四歳の男の子が、今日はお母さんの買い物について行って、アイスクリームを買ってもらおう、という設定目標をもっているのに、お母さんの方は、小学校二年生のお姉ちゃんが帰ってきたので、二人で留守番させて、急いで買い物に行ってこよう、という設定目標を持っていた場合、当然、そこで二人は「つれていって！」「いや待ってて」とぶつかることになります。男の子は「アイスクリーム買ってって言わないから連れて行って」というかもしれないし、「待っているからアイスクリーム買ってきて」という妥協案を出すかもしれません。母親がどのように答えるかはそのときどきでさまざまでしょうが、このように相手の目標を考慮に入れながら自分の目標との間の調整を図っていく経験を通して協調性の基礎が形成されていくというのです。

(6) 設定目標

愛着行動は乳幼児期を過ぎると消え去るものではなく、人間の一生を通して存続するとボウルビィ（一九六九）は繰り返し述べています。古い対象人物あるいは新しい対象人物のいずれかが選ばれて、彼らとの接近や伝達が維持されます。しかし、年長になるにしたがって、接近や伝達を達成するための手段はますます多様になってきます。年長児や大人が愛着を維持する場合、満一歳の誕生日のときに子どもがしていた愛着行動の基本的要素だけでなく、それに加えて、より複雑な要素を多様に組み合わせて、さまざまな行動を用いて愛着を表現します。たとえば、小学生が近所の家に遊びに行っている母親を捜し出す、というのも日頃の母親の行動パターンを頭に描きながらの愛着行動ですし、同じく小学生が、来週、親戚の家を訪問する計画を立てている母親に、自分も同伴させるよう訴えている姿は、退室する母親を必死でひたすら追った一歳のときの単純な行動に比べて、はるかに複雑なものになっています。

‥　木部　まさに大英帝国の政策と同じく、「ゆりかごから墓場まで」ですね。　‥

愛着行動に示されるこれらの複雑な要素は、すべて、前項で触れました、設定目標（set goal）をもつ計画（plans）として組織されています。ボウルビィ（一九六九）によりますと、生後の八カ月間は、子どもはどのような条件であっても、実際に自分の愛着行動を終結する条件をもたらすような試みを計画することはなく、必要な諸条件が行われて満足するか、それらが行われないで子どもが苦悩するかのいずれかであるというのです。しかし、子どもが八カ月を過ぎ、誕生日に近づく頃、子どもは苦悩を終わらせる条件や自分を安全に感じさせる条件を発見すると思われるというのです。すなわち、その段階以降、子どもはこれらの条件を達成するように自分の行動を計画することが可能になるというのです。一歳児や二歳児が自分の意志を主張するようになるのは、このようなことも関連しているのかもしれません。

木部　これがワーキングモデルということですか。

繁多　ワーキングモデルと同時に発生するものだとボウルビィは考えています。設定目標というのは、たとえば愛着が付くのは生後六カ月ですが、愛着が付いても、必ずしも赤ちゃんはいつもお母さんのそばにいないでしょう。とくに九カ月、十カ月になると、お母さんの見える範囲だったら「ぼくはあそこで探検しよう」と思う子もいるわけです。そういうのを設定目標というわけです。安全を感じる条件というものを自分で見出して、「自分はお母さんの膝にいないと安全を感じない」という赤ちゃんもいれば、「見える範囲だったら大丈夫だ」という赤ちゃんもいる。

木部　それがもっと発達すると、お母さんという内的対象というか、セキュアベースができてきて、お母さんがいなくてもお母さんを思い出せますよ、という話ですかね。

繁多　それはそうなります。三歳ぐらいになって、非常に安定したワーキングモデルがあれば、別にそばにいる必要はないですからね。だから、設定目標＝安全を感じる条件は、どんどん広がっていくわけです。でもそれは、どうもワーキングモデルと関連しているんです。つまり子どもだけの条件ではなくて、お母さんがどういう人かにもよるでしょう。もしすぐに置いてけぼりにするようなお母さんだったら、設定目標は非常に小さくなる。つねにくっついていないと安全ではないから。

母親の膝の上に乗ることを設定目標にする場合も、ときどき母親が見える範囲で遊ぶことを設定目標とする場合でも、どのような条件であっても、その条件が愛着行動を終結させるために必要であれば、子どもが用いる愛着行動計画の設定目標となります。その計画が単純であろうが入念なものであろうが、環境および生活体に関するワーキングモデルに照らしてはじめて設定目標は案出されうるものです。ですから、ワーキングモデルの出現と設定目標の計画能力の出現とは同時に生じると推測される（Bowlby 1969）というのです。つまり、世界や養育者や自己についての表象であるワーキングモデルも、設定目標を計画する能力も生後九カ月から一歳にかけて出現し、発達するものと推測されるということです。

子どもの設定目標が母親からより多くの活動を引き出すことである場合、子どもが立てる計画には母親が自分にとって望ましい仕方で確実に行動するような方法が含まれていなければなりません。幼い子どもが母親の行動を変化させようとする試みは、ひっぱる、押す、または「こっちへ来て」といった簡単な要求が主ですが、子どもが成長するにしたがって、また、母親が母親自身の設定目標をもち、さらに、それが変わりうることを子どもが理解するにしたがって、子どもの行動はますます複雑になってきます。

実際に、他人の設定目標を変えることを設定目標とする計画を立てるためには、多くの認知能力とモデル形成能力とを必要とします。第一に、いろいろな目標や計画を持つ能力が他者にあることを認める能力、第二に、与えられる手がかりから相手の目標が何であるかを推測する能力、第三に、相手の設定目標に望ましい変化をもたらすような計画をたてる技能、を必要とします。これらのことをクリアーできる年齢が何歳ぐらいかという問題は、前項の愛着の発達段階の第四段階が何歳からかという問題にも関わることです。発達段階のところでは、ボウルビィ（一九六九）は二歳ではとても無理で、三歳ぐらいからであろうとしていましたが、実際には、他者の目標や計画が何であるかを理解するためには他人の目を通して物事を見なければならないのですから大変なことです。

心の理論の誤信念課題というのが、他人の目を通して物事を見ることができるかどうかを測る課題といえますが（メンタライゼーションの章参照）、これを通過するのが四歳ぐらいからということを考えますと、第四段階に入るのは三歳でもまだ難しいのかもしれません。

木部　これはいわゆるバロン‐コーエンの言うところの「心の理論」の四歳課題ですよね。人がある意図を持っていることをこちらが理解して、こちらがある種の戦略を変えていくということですよね。ただ、乳幼児観察の経験からすれば、一歳を過ぎた頃から子どもは母親のこころの内を充分に理解しているようにも思いますが。

(7) 安全基地

ボウルビィ（一九八八）は、養育行動という概念の中で中心となるのは、両親による安全の基地の提供であると述べ、安全基地（Secure Base）の提供を養育行動の中でもきわめて重要な両親の役割と考えているようです。子どもや青年は、その安全基地から外の世界に出て行くこともできますし、戻ってきたときには喜んで迎えられると確信して帰ってくることができます。この安全基地を最初に発見したのはタビストックで同僚であったエインスワースだというのです（Bowlby 1988）。一九五〇年代にタビストックで同僚であったエインスワースはその後アフリカのウガンダで、ガンダ族の赤ちゃん二十七名を対象に誕生から満一歳まで家庭訪問して行動観察するという世界初のアタッチメント研究とも言われる研究を行いました（一九六二）。その過程で、乳児が移動できるようになるやいなや、母親を安全の基地として用い、そこから赤ちゃんたちが探索行動を行うことに深く印象付けられたというのです。母親への安定したアタッチメントを持っていることが観察されたほとんどの乳児が、生後八カ月までに、母親を安全の基地にした探索の小旅行を行い、ときどき母親のもとに戻るという行動をしたのです。

木部　この安全基地というのは、安定型のアタッチメントの人が一番上質な安全基地ができるということなんですか。

繁多　そうです。ボウルビィはその通りのことを言ってます。B型の人は安全基地をもっているからいいんだと。

木部　ではA型とC型はどういう……

繁多　まだ安全基地になっていないというわけです。C型（アンビバレンス）の場合は、疑いが強いので、「この人は安全基地になれる人なんだろうか」と非常に疑っている。A型（回避）の人は、もうほとんどあきらめている。いくら接近接触要求を出しても拒否される。求めて拒否されることほど悲しいことはないから、その悲しみを抑える唯一の方法は求めないことになります。だからA型の人たちは、最小限の関わり合いで生きていこう、と思っている。悲しいですよねえ。

C型は、自分の母親が四十九パーセント魔女なのか、五十一パーセント魔女なのか、よくわからなくて悩んでいるのです。聖女百パーセントっていうお母さんはいないわけですから。六十パーセント聖女だと思っている子どもはB型になる。

木部　それがウィニコットのいうgood enough motherですね。

それと、セキュアベースになると「両親」という言い方をするんですか。母親ではなくて。

繁多　まあほとんど母親についての記述が中心なんですけどね。

木部　でも一九八八年の論文では、「両親」という言い方をボウルビィはしているということですね。

繁多　そうだと思います。両親が安全基地になることがベストですよね。

身体的にも情緒的にも糧をこの基地から得ることができますし、疲労困憊しているときや励ましや援助が必要なときはいつでも戻ってきて利用でき、それに反応する用意ができている状態ですが、明らかに必要なときにしか積極的に介入することはないものでもあります。このように、安全基地は二つの大きな機能を持っているのです。子どもが心身ともに元気なときはそこから探索や冒険の小旅行に飛び立つ基地として、そして、疲れていたり、何か怖いことがあったりしたときにはそこに逃げ込んで癒しを得ることができる基地としての機能です。ボウルビィ（一九八八）は、この親の役割は軍隊の基地から指令を送っている司令官の役割に似ていると言っています。その基地から遠征隊が出発し、妨害を受けたら退却できる場所です。多くの時間、基地の役割は待つことです。にもかかわらずきわめて重要なのです。遠征隊に命令している司令官が、基地が安全であるという自信をもっているときのみ、遠征隊は果敢に前進でき、危険を冒すことができるのです。

乳幼児期を卒業して、児童期や青年期になるにしたがって、子どもや青年は、序々に基地から遠いところへ、そしてより長い時間冒険に出かけるようになります。基地の安全性といつでも利用できる用意ができていることを確信すればするほど、長時間出かけたり、遠くまで出かけることを、当然のことのように思うようになります。しかし、どちらかの親が病気になったり、亡くなったりすると、たちまち、これまでのその基地がいかに大きな意味をもっていたかを思い知らされることになります（Bowlby 1988）。

情緒が安定し、チャンスをものにすることができる人の多くは、子どもの自立をいつも励ましながらも、必要なときには存在して応答する親をもっている人たちであることが明白になっているばかりでなく、残念ながらその逆も真実だというのです。「どんな親でも、子どものアタッチメント行動を直観的に理解し、それに応答し、それを人間に本来そなわった貴重な部分として扱うことができなければ、成長していく子どもに安全基地を提供することはできないと私は確信している」と述べ、アタッチメント行動を「依存」と呼んだり、「退行」と名づけたりする人について、「有害で、ぞっとするような誤った判断」だと厳しく批判しています（Bowlby 1988）。

木部　安全基地を発見したのはエインスワースということですが、SSPというのは何年に出来ているんですか。

繁多　出版したのは一九七八年ですが、六九年くらいからエインスワースは自分で使っていて、試行錯誤して、論文発表などをしています。だからずいぶん時間をかけて完成したんです。彼女は一九六〇年代にウガンダの研究で安全基地を見つけました。ウガンダの子たちは明瞭に安全基地を思わせる行動をしたのですが、そのあとアメリカのボルチモアで同じような研究をしたところ、アメリカの子どもたちは、健全な愛着がついている子どもでも、あまり安全基地を思わせる行動をしなかった。それでSSPを考えついたんです。

木部　ウガンダのママはお仕事で子どもと離れている時間が長いけれど、アメリカではそうじゃない。ということで、実験ですね。

繁多　実験です。「そうか、とても馴染んだ環境だから、そういうものが明確に出ないんだな」と。ストレスをかけたらアメリカの子どもでも出るかもしれない、と考えたのがSSPを考えたきっかけです。

木部　はあ。この考えが基盤となり、それを実証するための研究としてSSPを作ったんですね。

(8) ワーキングモデル

ボウルビィのアタッチメント理論は当初、母子関係の理論として受け止められていました。母子の結びつきの起源に関する二次的動因説を打破することを目的としていましたし、マターナル・ディプリベーションという概念を通して母性的養育の重要性を訴える理論でもありますので当然のことですが、しかし、今日では、母子関係にとどまらず、人間の生涯にわたるパーソナリティの発達理論として広く受け止められるようになっています。そのパーソナリティとアタッチメントの橋渡しの役割を果たしているのがボウルビィが提出したワーキングモデルという概念です。ボウルビィのワーキングモデルという概念は、しばしば内的ワーキングモデル（internal working model）として紹介されることがありますが、ボウルビィは一度もワーキングモデルに内的（internal）という接頭語をつけて使ったことはありませんので、少なくともボウルビィのアタッチメント理論の文脈内で使うときは、「内的」をつけずに、ワーキングモデルという用語を使うことが妥当かと思います。

……

木部　ワーキングモデルは「パーソナリティとアタッチメントの橋渡しの役割」を果たしているということですが、ワーキングモデル自体が、対象関係論でいう内的対象の一つではないのですか。

……

繁多　内的対象の一つではありますが、その機能として、物事を認知する判断基準として使われているというのです。どんなワーキングモデルを持っているかによってひとつの物事の捉え方が違うという、それがボウルビィのワーキングモデルの特徴なんです。

すでに触れたことですが、ボウルビィは、アタッチメント関係は乳児期に発達するアタッチメント行動システムによって制御されていると言っています。このシステムはアタッチメント対象との身体的接触やその対象の有用性をモニターして、その対象に向けられたアタッチメント行動を活性化したり、制御したりします。子どもが安心を感じているときは、その子どものアタッチメント対象は子どもの探索行動やその他の社会的行動を促進する安全基地として機能します。しかしながら、子どもが恐怖を感じているときは、アタッチメント対象のところに逃げ込んで安心を得ようとします。乳幼児においてはとくにそうです。それゆえに、アタッチメント対象に対する個人のアタッチメント行動は怖れが知覚される条件下でもっとも明瞭となります。怖れが知覚される事態でアタッチメント対象に保護を求めることを通して、未成熟な子どもは生存の可能性を高めているのです。

もちろん、アタッチメント対象が身体的、心理的保護をうまく果たすことができるかどうかは、子どもとアタッチメント対象との間の相互作用の質しだいです。このように、アタッチメント対象の有効性は恐怖反応と密接に関連していて、有効性に関わる二つの重要な要因があります。一つは、アタッチメント対象が実際にそばにいるかどうかということです。実際にそばにいて、日常生活に潜在的に含まれている脅しの事態からどれほど守れるかという問題です。第二の重要な要因となるのはアタッチメント対象が実際にはそこにいないにもかかわらず、アタッチメント対象が有効であるという確信、つまり、望むときに接近しえて、応答してくれるということを個人が確信しているかどうかという問題です。子どもが幼いほど第一の要因が重要で、およそ三歳の誕生日まで、最も重要な要因といえます。子どもが成長するにしたがって第二の要因が重要になってきます。三歳の誕生日を過ぎると、第二の要因であるアタッチメント対象の有効性、非有効性の予測が重要性を増すようになり、思春期以降になると、今度はそれが最も有力な要因となります。ワーキングモデルとはこの第二の要因のことなのです。

アタッチメント対象が応答してくれるという確信は、次の二要因によって左右されます。一つは、アタッチメント対象が、支援や保護の求めに大体において応じる種類の人物と判断されているか、という要因、もう一つは、自己が他者から、とくにアタッチメント対象から、助けを与えられやすい人物であると判断されているか、という要因です。この二つは論理上、独立しているはずですが、実際には密接に関連していて、アタッチメント対象に対するワーキングモデルと、自己についてのワーキングモデルは相互に補うように、相互に強めあうように発達していきます。このように、望まれない子どもは、両親から望まれていないと感じるだけでなく、自分は本質的に望まれるに価しない、つまり、誰からも望まれないと信じるようになりますし、逆に愛されている子どもは、両親の愛情に対する確信だけでなく、ほかの人すべてから愛されると確信して成長していきます。このような般化が通常行われており、このような般化が取り上げられて、ワーキングモデルの構造の中に組み込まれれば、それ以降問題にされることはけっしてないのです。

木部　これは、ワーキングモデルが二つあるということですよね。これは統合されているんですか。

繁多　そう。ボウルビィは、実際には独立しているのかもしれないけれど、具体的には裏表で、「お母さんはすてきな人だ、いつでも守ってくれる人だ。僕は人から愛されない子どもだ」と思う人はいない、とボウルビィは思っているわけです。「お母さんはすてきな人だ」と思っている子は、「僕は愛される価値がある人間だ」と思っていると。

木部　でも、たとえばそれは、「お母さんは信頼できる／信頼できない」「子どもは自信がある／自信がない」という極で切ると、実は四つに切れるわけですよね。「お母さんは信頼できる。自分は愛される価値がある」と思う人はセキュアであり、「お母さんは信頼できないけれど自分はまだ大丈夫かな」と思うのはアンビバレントであり、「お母さんは大丈夫かもしれないけれど自分は自信がないな」というのが回避であり、両方ともダメなのがD型というふうに考えると、D型は必然的に出来るものなのかなとも思えます。

繁多　バーソロミューは質問紙でそのように四つに分けています。ボウルビィは分けられないと言っているのを強引に分けているんです。質問紙でやれば四類型が出てくるんです。ボウルビィはそうではないと言っていますが、実際にはそういうことはありうるということです。

ボウルビィ（一九六九、一九七三、一九八〇、一九八八）は、各個人は世界について、およびその中の自己についてのワーキングモデルを構築すると仮定しています。そのワーキング・モデルに助けられて、出来事を知覚し、未来を予測し、自分の計画を作成する、と述べています。アタッチメントのパターン（安定、不安定）がやがてその個人の属性となり、その個人のパーソナリティを形作っていくということを説明するためにワーキングモデルという概念はどうしても必要な概念だというのです。乳児期を過ぎると、アタッチメント関係は主たるアタッチメント対象との間で経験してきた相互作用を通して子どもが形成するワーキングモデルによって支配されるようになります。このボウルビィのワーキングモデルの概念は、フェアバーンやウィニコットなど対象関係論者たちの「内的対象」と類似しているように思われますが、ボウルビィが、「各個人は世界について、およびその中の自己についてワーキングモデルを構築する」と述べたあと、「そのワーキングモデルに助けられて出来事を知覚し、未来を予測し、自分の計画を作成する」と述べているように、情報処理機能を重視する点がボウルビィのワーキングモデルの特徴といえるでしょう。

木部　ふーん。これは自我心理学でいう自我機能ですね。相手を見るということですか。

繁多　そうです。いろんな情報をどのように処理するか。ニュースを見ていても三人いればその捉え方がみんな違うというのは、ワーキングモデルが違うからだ、とボウルビィは言っています。

木部　ふーん、情報処理機能ですね。つまり、母親に対してどういうふうに対応するかとか……

表1　安定愛着と障害愛着のワーキングモデル

安定愛着（secure attachment）
　自己：私はよい人間で、望まれており、価値があり、有能で愛される人間だ
　養育者：彼らは概して私の要求に応答的で、感受性も高く、世話をし、信頼できる
　人生：世界は安全で、人生は生きる価値がある
障害愛着（disordered attachment）
　自己：私は悪い人間で、望まれていず、価値がなく、希望もなく、愛されない人間
　養育者：彼らは私の要求に応じてくれず、感受性に乏しく、有害で信頼できない
　人生：世界は安全でなく、人生は生きる価値がない。

繁多　それが一番です。

ある個人が構築する世界についてのワーキングモデルの中で重要なのはアタッチメント対象に対するワーキングモデルです。誰がアタッチメント対象で、その対象にどのようなことが期待できると考えているかという問題です。同様にある個人が自己について構築するワーキングモデルにおいて重要な点は、自分自身が自分のアタッチメント対象たちからどれほど受容されていると考えているかという問題です。このような相補的な世界と自己についてのワーキングモデルを通して、各個人は自分のアタッチメント対象たちに助けを求める場合、彼らは接近しやすい対象であるか、応答してくれる対象であるかを予測します。普通のよい家庭で愛情豊かな両親と一緒に成長してきた子どもは、慰めや保護を求め、それに応じられることを繰り返し経験してきていますので、アタッチメント対象の有効性を確信していますし、そのアタ

ッチメント対象から自分が受容されていることも確信しています。一方、自分の養育を担当している人物が自分を援助したり、保護したりするような応答をしてくれる可能性がほとんどないといった環境で育った子どもは、両親から望まれていないと感じるだけでなく、自分は望まれるに価しない人間と信じるようになるのです。このように、子どもたちは養育者との初期の相互作用を通して形成されたアタッチメント・パターンにもとづいて、世界や自分自身やさまざまな関係や人生一般についてのワーキングモデルを発達させていくのです。そしてそのワーキングモデルは、子どもたちが出来事をいかに解釈し、いかに記憶の中に情報として蓄え、いかに社会的情報を知覚するかということに大きな影響を及ぼすのです。リヴィーら（Lavy, et al. 2000）はボウルビィのこのような考えを上手にまとめています（表1）。

アタッチメントに問題のある子どもたちのワーキングモデルには、このように否定的な自己評価ないしは自己侮蔑が含まれています。この否定性の視点が他者に対して何事も悪意にとる傾向のような、社会的手がかりを誤って解釈する結果をもたらしていると指摘されています。そのような子どもたちは怖れや敵意がないときでさえそれを知覚して、攻撃的、威圧的な行動で反応するのが普通です。このような中核的信念は家族や社会からの疎外感を助長し、いつでも他者をコントロールし、怒り、復讐、暴力、反社会的行動で自分を守りたいという欲求を助長することになるのです。

このように、アタッチメントとパーソナリティをつなぐワーキングモデルという概念を導入することによって、健全なアタッチメントが健全なパーソナリティにつながる一方で、初期のアタッチメントの混乱がその後のさまざまな問題に結びつくことを見事に説明したのです。

木部　基本的な質問ですが、SSPで調べているのはワーキングモデルを調べているんですか。

繁多　私はそう思っています。

木部　でも、そうはっきり書いていないですよね。

繁多　ふつうは、実験室内での行動を調べていると思っているわけです。

木部　ワーキングモデルは中身ですよね。

繁多　そう、行動をもたらす中身です。その中身があって行動が出てきているのだから、結局はワーキングモデルを調べているのではないのか、というのが私の考えです。エインスワース自身も、はっきりワーキングモデルを調べていると言っているところがあるんです。

木部　でも、さっきの「愛着が本能である」というところからすると、本能にワーキングモデルは必要ないですよね。本能と環境の間で、ある種の出来事が起き、その結果としてワーキングモデルが出来てくる。けれど、「アタッチメント」というときに、原理原則はそれが本能であるとすれば、ワーキングモデルは関係なく、そうするとアタッチメントの行動を見るということは、本能を見るということになってしまうので、ワーキングモデルを見るということにならないいんじゃないか、と一面では思ったりもするんですが。

繁多　そうか……。アタッチメントの形成は本能的行動を通してなされますが、ワーキングモデルは形成されたアタッチメントの質を表わしています。アタッチメントは子どもが主体的に形成していくものですが、相手がいることですので、相手との相互作用の質によってアタッチメントにも質が生じてきます。その質をSSPでは子どもが示す行動でとらえているのですが、その行動はその子どもがもっているワーキングモデルを表わしているということです。

木部　ふーん。それと、愛着の中の「障害」があるというときに、この人たちは「疾病」ではないんですよね。つまり治療が必要な人たちではないですよね。どうなんでしょう。

繁多　ジーニーなどは、愛着障害の定義に、「治療が必要な人」というのを入れるべきだと言っています。実際に、「修復的愛着療法」などをやっているところでは、治療をしていることになりますよね。ボウルビィは、パーソナリティのところで、Aの極端なケースでは、ウィニコットの言う「偽りの自己」になるケースもあると言っています。それは治療が必要なんですか？

木部　まあ、それはいつか破綻するか、しないかですよね。要するに、人に対する疑い深さみたいなものがあり、そのため、単純に言えば、「人を信じる」といったことができないので、そのことによって本来自分の本質的な部分というのは他者を全然信頼できないみたいなところがあるわけですが、そういう偽りの自己を発達させる一部の人は知的に高いので、ある時まであまり破綻しないんです。「A」の極端な人はそういうことだと思います。

「C」の人はボーダーラインだと思います。

ボウルビィは、子どもは、生後六カ月から一歳までの間に、おそらくは生後九カ月ころからこのワーキングモデルを作り始め、言語という強力で非凡な贈り物を獲得する一歳、二歳となるにしたがって、ワーキングモデルづくりは活発に展開されると仮定しています。すなわち、子どもたちは自分の母親をはじめ、自分にとって重要な人物の予期される行動の仕方、自分自身の予期される行動の仕方、および、それぞれが相互に作用しあう仕方、などについていろいろなワーキングモデルを構築するのに忙しい日々を送っているのです。そして、子どもたちは、これらのワーキングモデルの枠組み内で自分の立場を評価し、アタッチメント行動の計画を立てるのです。

子どもたちがつくるワーキングモデルは三層構造を成しています。ワーキングモデルというのは内的表象ですが、一番下の層は、出来事に基づいた表象で、「手足をバタバタさせると母親が笑いかける」とか「声を出すと母親も声を出す」といった具体的表象の層です。次の層は「自分がシグナルを送ると、母親からなんらかの反応がある」という一般化された一般的表象の層で、一番上の層が「近づきやすい人、やさしい人」という抽象的表象の層で、この三つの層で組織化されているのです。

木部　「ワーキングモデルというのは内的表象です」とありますが、そうなんでしょうか。
繁多　ボウルビィはワーキングモデルを内的表象だと言っています。
木部　ふーん。そうしたら何というか、心の中で一番重要な内的表象ということになりますよね。表象と対象の違いといった古典的な議論になってしまいそうですが。フロイトは超自我というものを、エディプスの後に取り入れられる内的表象の一つと言ったわけですが、その意味では、父親ではなく、母親の取り入れといったもので、このワーキングモデルはそれに近いもの、ということになりますでしょうか。
それと、この「三層構造」についていえば、スターンは「四層構造」と言っているわけですよね。「新生自己感、中核自己感、主観的自己感、言語自己感」というふうに。

一番下層の具体的表象はエピソード記憶として、一番上の抽象的表象は意味記憶として、それぞれ別の記憶の貯蔵庫に蓄えられます。のちに述べるＡＡＩ（Adult Attachment Interview）という成人のワーキングモデルを測定する検査で、安定型と評価される人はこの三つの層の行き来が自由にできる人で、それに対して不安定型の人、とくに回避型の人は三つの層の行き来がほとんどないために、エピソード記憶と意味記憶との間に矛盾が出てくるのです。ＡＡＩではこの意味記憶とエピソード記憶の一致度を厳しく追及します。

ボウルビィ（一九六九）はワーキングモデルに関して次の三つの仮説をあげています。

①望むときにいつでもアタッチメント対象が有効であるという確信をもっている個人は、理由はなんであっても、そのような確信を持てない個人に比べて、強い恐怖や慢性の恐怖に陥る傾向はかなり低いであろう。

②アタッチメント対象の有効性についての確信は、あるいは確信の欠如は、乳幼児期、児童期、青年期という未成熟な時期に序々に形成され、この時期に発達する期待は、たとえどのような期待であっても、その後一生を通して、比較的変化することなく持続する。

③ 未成熟な時期に発達する各個人のさまざまな期待は、その個人の実際の諸経験をかなり正確に反映している。

(9) アタッチメントとパーソナリティ

ボウルビィ（一九八八）は次章で述べるアタッチメントのパターンがしだいに子ども自身のパーソナリティの属性になっていくという傾向を説明するために、アタッチメント理論はワーキングモデルの概念を必要としていると述べています。

前節でも触れましたように、子どもが築くワーキングモデルは日々の両親との相互作用という現実生活に基づいたものです。その結果、子どもが築いた自己についてのワーキングモデルには、両親の子どもへの接し方ばかりでなく、両親が子どもに抱いているイメージも反映されているのです。それは両親が子どもに対して「語る」内容を通して伝えられるイメージでもあるのです。このようにして築いていく両親や自己についてのワーキングモデルは両親に向ける自分の行動をどのように計画するかを規定するものでもあるのです。

次章で詳しく述べるストレンジ・シチュエーション法（SSP）というのは、子どもの行動を通して子どもがどのようなワーキングモデルを築いているかを査定しようとするものです。前節で示したように、安定したアタッチメントを築いている子どもは、「自分は良い子で愛されている」し、親は「よく世話をしてくれるし、信頼できる」と思っていますので、「安全基地」に守られている状態で、のびのびと毎日を楽しく生活できます。

それに対して、第二のパターンは、子どもが援助を求めたとき、親が応答的であるか、援助的であるかということが不確かであると思っている子どもたちの群で、アンビヴァレント群（不安性抵抗アタッチメント）と呼ばれている子どもたちです。この子どもたちはその不確実性のゆえにいつも分離不安の傾向があって、母親にすがりついたりすることが多く、外界の探索に不安を感じています。親が「見捨てる」といった脅しを使うことが先行要因とされるタイプです。

第三のパターンは、子どもが、親に世話を求めても援助的に応じてもらえるという確信をまったくもつことができず、逆に拒絶されることを予測している子どもたちが示す不安性回避アタッチメントのパターンです。このような子どもたちは他者の愛情や援助なしに生きようとすると、情緒的に自己充足的になろうとして、後には「自己愛的」あるいはウィニコット（一九六〇）が述べた「偽りの自己」と診断されるようになるかもしれないタイプです。母親が拒絶し続けることの結果として表れるタイプとされています。

この三つのパターンの子どもたちは、ストレンジ・シチュエーションという実験室的状況の中で、安定、不安定の別はあるのですが、それぞれのワーキングモデルに基づいた行動、たとえば、安定型の子どもは母親を安全基地にして探索活動に勤しむとか、抵抗型の子どもは母親との分離に抵抗を示し、接近・接触行動に終始するとか、回避型の子どもは母親との相互作用や接近・接触を回避して一人遊びをするといった、一定の方略があるのですが、ストレンジ・シチュエーションという状況において、方向性のある、体制化された行動がとれない子どもたちが存在することが見出されています。第四のパターンです。パーソナリティとの結びつきでは最も心配されるパターンです。親の虐待やネグレクトなどが先行要因としてあげられることが多いパターンです。

これらのいったん発達したアタッチメント・パターンは持続する傾向があるとボウルビィは考えています（連続性の章参照）。子どもが成長するにつれて、それぞれのパターンは子ども自身の資質になっていき、そのパターンを教師や治療者などの新しい人間関係にもあてはめるようになるというのです。

このようにパーソナリティの発達におけるアタッチメントのパターンやワーキングモデルの役割を強調しているのですが、もうひとつ、アタッチメント理論で捉えるパーソナリティの発達には精神分析の伝統的なタイプとは異なることがあると主張しています。すなわち、アタッチメント理論では、各個人は一連の発達段階を通るようになっており、その段階のいずれか一つに固着したり退行したりするという発達のモデルを否定し、各個人はいくつかの可能な発達の経路のうちの一つに沿って発達していくというモデルに置き換えられている、ということです。

これらの経路には健康な発達と一致するものもあれば、健康な発達と適合しない経路もあります。乳児がどの経路をたどるのかは、その子が出会う環境、とくに両親のその子どもに対する扱い方や応答の仕方によって決定されます。感受性があり、応答的な親をもつ子どもたちは健康な経路に沿って発達することができますが、その逆の場合は、やや逸脱した経路に沿って発達する傾向はあります。「しかしたとえそうであっても、引き続いて起こる発達の方向性は固定されておらず、途中で変わりうるので、子どもはより好ましい方向にも、好ましくない方向へも経路を移ることができるのです。そして、人生のどんなときでも、人は起こりうるどんな逆境にも打ち勝つことができ、人生のいかなるときでも好ましい影響が及ばない人はいないということを意味しているのは、まさにこの変化に対する永続的な可能性によるものであり、効果的な治療を行う機会を与えてくれるのは、まさにこの持続する変化の可能性なのです。」(Bowlby 1988) と結んでいます。

木部　この「経路」というのがABCDという意味でしょうか。

繁多　ABCDに限らず、Aの中でもBの中でも多少違う経路はあるのかもしれませんが、それぞれ可能性のある経路をずっと行くということです。精神分析というのは、一つのラインがあって、どこに固着するか、どこに退行するかでその人のパーソナリティが決まるんですか。

木部　まあ、昔はそうですね。自我心理学はとくにそう言いました。でも、アタッチメントの考え方においては、アタッチメントのスタイルは「変わらない」と言っている人たちが多いわけですよね。

繁多　そう、ボウルビィもどちらかというと「持続する」と思っています。

木部　でもそれは健康な人について言っているんですね。

繁多　そう、「養育行動が変わらなければ変わらない」と言っているんです。環境が変われば変わると言っています。

木部　もうひとつ、さっきの障害愛着と不安定愛着というのは違うんですよね。

繁多　そうです。違います。さっきのリヴィーのワーキングモデルの表ですね。あれは超安定型と不安定というより障害というべきタイプのワーキングモデルを示しています。多くの子どもはあの中間にいるのだと思います。リヴィーは修復的愛着療法をやっている人だから、愛着障害の子どもたちのことを考えているのではないでしょうか。

木部　でも、ボウルビィ自身は、不安定愛着というものが治療を要するとか、そういうことを言っているわけではないんですね。

繁多　そこまでは言っていないと思います。偽りの自己になるとか自己愛的になる可能性があるとは言っていますが。その「自己愛的」というのは異常なんですか?

木部　いえ別に、破綻しなければいいんじゃないですか。いっぱいいますよ、大学教授とか（笑）。大学教授は自分の学問に対して自己愛的であることは必要なことかもしれませんね。

繁多　アタッチメント理論というのは最初は母子関係の理論と言われましたが、いまはパーソナリティ理論と言われています。ABCのパターンがだんだんと内化（内面化）されてパーソナリティに移り変わっていくという考え方ですね。本当は親とのワーキングモデルだったんだけれども、それがそのまま学校に行けば教師との関係に、治療であれば治療者との関係に汎化されるようになる。自分たちが持っているワーキングモデルで「防衛」してくるので、治療者はそれに対して配慮が必要だということをボウルビィは言っています。

第Ⅱ部　アタッチメント研究の展開

4．SSPとアタッチメントのパターン

エインスワースとガンダ研究

エインスワース（一九六三）は、世界で最初のアタッチメント研究といわれるアフリカのウガンダでのガンダ族の二十七名の乳児たちについて、誕生まもなくから満一歳になるまでの一年間の自然観察による比較行動学的研究を行っています。いわゆるガンダ研究と呼ばれているものです。そこでエインスワースが見たものは、生後一年間に乳児が母親という特定の対象に対して示すさまざまな行動です。その観察を通して、エインスワースは十二の行動指標をあげています。そのときはまだボウルビィのアタッチメント理論は出ていませんでしたが、この研究がアタッチメント理論の構築に貢献したことは疑いなく、ボウルビィがアタッチメント理論を発表した第一巻にこの十二の指標は掲載されましたので、その後、子どもがアタッチメントを形成したか否かを判定する行動指標としてよく使われていました。おそらく、ボウルビィとエインスワースの間では、その時点で「アタッチメント」という概念はすでにできていて、それに沿ってエインスワースは観察を続けたのだと思います。その十二の指標とは以下のようなものです。

- 分化した泣き……母親以外の人に抱かれても泣き続けているのに、母親に代わるとすぐに泣き止むという行動。
- 母親が部屋を出て行くと泣き叫ぶ……他の人が部屋を出て行っても平気なのに、母親が部屋を出て視野からはずれてしまうと急に泣き叫ぶという行動。
- 分化した微笑……他の人に対してよりも母親の顔を見て、より頻繁に、よりすみやかに、よりくつろいだ様子で赤ん坊が微笑するという行動。
- 分化した発声……母親と遊んでいるときのほうが、他の人と遊んでいるときよりも、より頻繁に、よりすみやかに声を発する。
- 母親に向けられた視覚的、運動的定位……母親から離れているとき、眼を母親の方へ継続的に向ける行動。他の人に抱かれても、母親の方へ眼を向けようとする姿勢をとり続けることを基準とする。
- 後追い……他の人が部屋を出ても後を追おうとはしないが、母親が部屋を出て行くと赤ん坊は這って追っていこうとする。
- よじ登り……母親の膝によじ登り、母親の身体を探索し、顔、髪、衣服などをいじって遊ぶ。母親に対してだけ示すようになることを基準とする。
- 顔をうずめる……母親の膝によじ登ったり、探索したりしている過程でも、あるいは母親から少し離れてまわりを探索した後に母親のもとに戻ってきたときにも、赤ん坊は母親の膝や身体のどこかに顔をうずめる。

•安全の基地からの探索……赤ん坊は這うことができるようになると、母親を安全の基地としながら、母親から離れ、探索活動を行うようになる。しかし、ときどき安全の基地である母親のもとに戻ってくるという行動を繰り返す。

•しがみつき……赤ん坊がおびえていたり、空腹であったり、疲労していたり、健康がすぐれないときなどに、母親へのしがみつき行動がみられた。

•両腕をあげて歓迎する……母親がしばらく不在の後、母親と再会するとき、あたかも抱いてといわんばかりに両腕をあげて歓迎する行動。

•両手を打って歓迎する……両腕をあげるかわりに、手を叩いて歓迎する。ガンダの子どもたちには三十週以降、かなり頻繁にみられた。

エインスワース（一九六七）はアメリカのボルチモアでも対象児を増やして同様の研究をしています。その結果、ガンダの乳児たちとボルチモアの乳児たちの行動には非常に多くの類似点があった中で、三つの点に関して相違点も見出されました。ガンダの乳児たちには顕著に見られたにもかかわらず、アメリカの乳児たちにはそれほど顕著ではなかった三つの行動があったのです。その三つの行動とは、①母親を安全の基地として使用しながら行なう探索活動、②短い、日常的な母親との分離において示す悲しみ、③見知らぬ人と出会ったときの怖れ、の三つです。ガンダの子どもたちは、母親へのアタッチメントを発達させている子どもほど、母親を安全の基地として使用しながら探索行動をするという傾向をはっきり示していましたが、アメリカの乳児たちは、母親への安定したアタッチメントを形成している子どもも、そうでない子どもも、ほぼ全員が母親から離れて探索行動をすることができたのです。同様なことは、母親との分離に関しても言え、ガンダの乳児たちは、母親との短い分離に抗議や悲しみを示すことがアタッチメント形成の指標とされたのですが、ボルチモアの乳児たちは、明らかに母親へのアタッチメントが形成されている子どもでも、母親との分離に悲しみを示すことはまれだったのです。また、ガンダの乳児たちは月齢が高くなるにつれて、見知らぬ人への恐怖を示しましたが、ボルチモアの乳児たちは、なじみのある自分の家においては、見知らぬ人に出会っても、一貫して恐怖を示すということはなかったのです。

ストレンジ・シチュエーション法（SSP）

このような差違は、アメリカでは比較的に乳児がひとりにされることが多いという育児文化の違いがもたらしたものでしょうが、アメリカの子どもたちにこの三つの行動で個人差が認められなかったのは、家庭という赤ん坊たちにとってよくなじんだ環境での行動を観察したからかもしれないとエインスワースらは考えたのです。乳児にとって見知らぬ環境というのはきわめてストレスフルな事態です。したがってストレスフルな事態での行動を観察すれば、アメリカの乳児でも安定したアタッチメントを形成している子どもは母親を安全の基地として使用するであろうし、そうでない子どもは母親を安全の基地として使用しながら探索行動を行うということはできないだろうとエインスワースたち（一九六九）は考えたのです。このような考えのもとにストレンジ・シチュエーション法（SSP：Strange Situation Procedure）という実験室的方法が考案されたのです（Ainsworth, et al. 1978）。

このストレンジ・シチュエーション法の標準化にあたり、ボルチモアの乳児たちの家庭での行動を詳細に分析しています。そして、生後十カ月から十二カ月までの三カ月間の乳児の行動を因子分析した結果、得られた第一因子が「安全‐不安」であったことから、それが見られるようにストレンジ・シチュエーションの事態を設定して実施してみたところ、B群（安定群、エインスワースらは当初groupという言葉を使っていました）に分類された子どもたちが、家庭で「安全」軸の特徴をもった行動を多く示していたことに対して、A、C群に分類された子どもたちは「不安」軸にかたよった行動を多くしていたのです。因子分析で得られた第二因子は母親との密接な身体的接触に関するものでした。この点に関しても、ストレンジ・シチュエーションでA群に分類された子どもは、家庭においても母親の腕に抱かれている状態でポジティブに反応することが少なかったのです。一方、エインスワースたちは、生後一年間の最初の三カ月と最後の三カ月の合わせて六カ月間の母親たちの行動についても観察を行っています。観察された項目は、①乳児の泣きに対する反応、②身体的接触に関するもの、③顔と顔を合わせた相互作用に関するものなどで、そのほかに、母親たちの一般的な行動特性を評定によって求めています。これらの結果を各群ごとに見ていきますと、まず、B群の子どもたちの母親たちは、他の二群の母親たちに比して、子どもの発するシグナルに対して、敏感に、適切に応答し、愛情のこもった「抱き」をすることが多く、全般的に受容的で協調的な養育態度をとっていました。このことは最初の三カ月でも、最後の三カ月でも共通して言えることでした。これとは対照的に、A、およびC群の乳児たちの母親たちは、子どもの発するシグナルを無視したり、非常に遅れて反応したり、きわめて不適切に反応することが多かったし、赤ん坊を抱く場合も、愛情のこもった抱きが少なかったのです。とくにA群の母親たちは、子どもとの身体的接触に根深い嫌悪感をはっきり示すという特徴をもっていました。この嫌悪感はB群の母親たちにはもちろんのこと、C群の母親たちにも見られない特徴でした。A群の母親たちは全般的に、子どもに対して拒否的で、怒りを示すことが多く、愛情を表現することのほとんどない母親たちだったのです。このようにしてストレンジ・シチェーション法の妥当性を検証して、自然観察による生態学的方法によって得られる結果と同様の結果が得られることを確認して、時間と労力を大幅に削減して効果的にアタッチメントの状態を評定できる方法が開発されたのです。

エインスワースたちが一九七八年に "Patterns of Attachment" という書物の中で実施法から解釈の仕方まで、詳細に示したので、ストレンジ・シチュエーション法は全世界で実施されるようになったのです。

ストレンジ・シチュエーション法は図1に示されるような八つのエピソードで構成されています。部屋の広さは九フィート平方で四畳半ほどの広さです。ここでの乳児の行動はすべてビデオテープに収められ、ビデオテープには子どもの表情や視線を中心に実況放送的に状況を吹き込んでおいて、

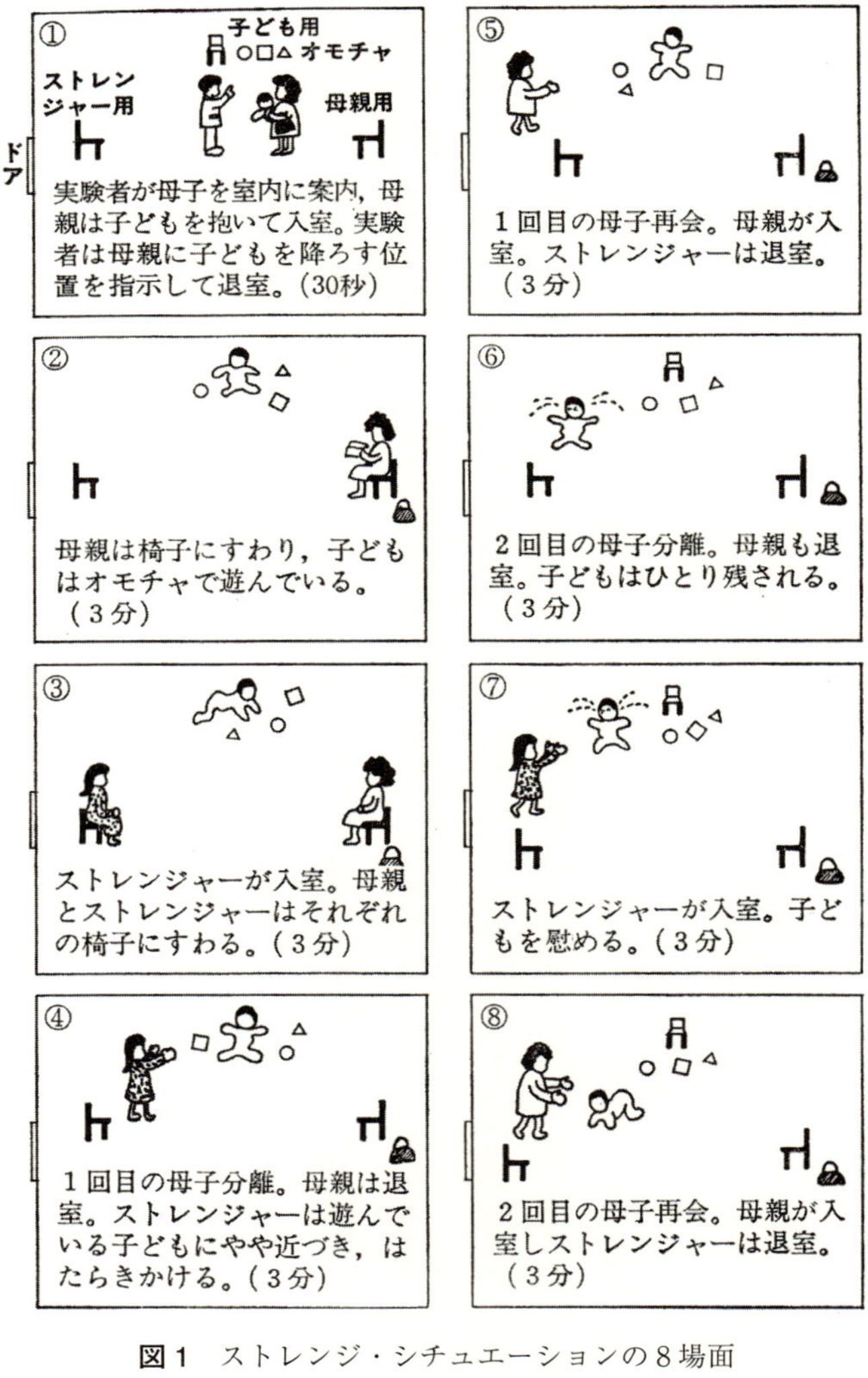

図１　ストレンジ・シチュエーションの８場面

分析のときの参考にします。エピソード②以降は三分間を原則としています。エピソード①は導入エピソードで分析の対象にはなりません。実験者は乳児を抱いている母親を室内に案内し、子どもを降ろす位置と母親が座る椅子を指示して退室します。実験者が退室した瞬間から乳児と母親だけのエピソード②がはじまります。ストレンジ・シチュエーション法は満一歳の誕生日を迎えたばかりの子どものために標準化されたものですが、満一歳の乳児にとって、生まれて初めて入る実験室はきわめてストレンジな環境で、ストレスに満ちた事態であるはずです。しかし、そこにはいつも自分を保護してくれる母親がいます。見知らぬ事態で、少し怖いけれど、いざというときには母親のところに戻って助けてもらえばよいと思い、母親を安全の基地にして探索活動をすることができるかどうかがこのエピソードでは評価されます。

ボウルビィもエインスワースも安定したアタッチメントとはアタッチメント対象が子どもの安全の基地として機能しているということだと考えています。安全基地には二つの機能があって、一つは、子どもが元気なときは、子どもが探索活動に飛び立つ基地としての機能で、もう一つは子どもがなにか怖れを感じたときには飛び込んで行って慰めてもらう基地としての機能です。母親を安全の基地として使用できる子どもは、母親との相互作用をときどきしながら探索活動に勤しむことができるのです。

エピソード③ではストレンジャー役の若い女性が入室してきて所定の椅子に座ります。最初の一分間は無言で座っていますが、次の一分で母親に語りかけ、最後の一分で子どもに働きかけます。

見知らぬ場所で、見知らぬ人に出会うことはかなりのストレスであるはずです。多くの乳児たちは遊びの手を休めて、ストレンジャーを見つめます。

そして次に母親を見ます。それをしばらく繰り返します。ストレンジャーを見るのは「誰だろう。見たことある人かな」と思って見ているのでしょうが、母親を見るのはなぜなのでしょう。一つは安全の基地の確認ということでしょうが、もう一つ、母親がその見知らぬ若い女性をどのように捉えているのか、その母親の反応を参考にして自分の態度をきめようという、いわゆる社会的参照のために母親を見ているのだと思います。ここでも母親を安全基地にしてストレンジャーをどれほど受け入れることができるかが評価されます。エピソード④はさらにストレスフルな事態です。母親との第一回目の母子分離事態です。母親は子どもとストレンジャーを残して黙って退出します。一歳児の半数以上が泣きますが、この事態で泣くかどうかは安定したアタッチメントを形成しているかどうかを判定する重要なポイントではありません。このエピソードでの行動は次のエピソードとの関連で評価されます。次の第五エピソードは第一回目の母親との再会場面です。母親の入室と入れ替わりにストレンジャーは退室します。ここでは母親との再会にどれほど子どもが歓迎行動を示すか、また、泣いていた子どもでも、母親との再会によってなぐさめられ、元気を取り戻して、活発な活動ができるか否かが評価されます。次のエピソード⑥はこの実験の中で、子どもにとって最もストレスフルな事態です。エピソード⑤の終わりに母親は「ばいばい」と言って部屋を出て行きます。第二回目の母子分離ですが、第一回目とは異なり、子どもはただひとり残されます。ここでは一歳児の大部分が泣きや母親を捜す行動をします。このエピソードも原則は三分ですが、子どもの泣きが激しい場合は短縮されます。

エピソード⑦ではストレンジャーが戻ってきて、子どもひとりという状況は解消されます。ドアが開くとき、こどもは母親が帰ってきたと思うのか、一瞬、泣きがストップします。しかし、戻ってきたのが母親ではないことを確認すると、それまで以上に泣きが激しくなります。エピソード④のストレンジャーと共に残された場面では、なんとか泣かずにストレンジャーと遊べた子どもも、この場面ではストレンジャーによって慰められることはほとんどありません。不安が高まっているときは、主たるアタッチメントの対象である母親でなければ慰めることはできない、ということが如実に示される場面です。最後のエピソード⑧では母親が戻り、ストレンジャーが退室して、最初のエピソード②と同じ母と子の事態になります。ここでも母親との再会をどれほど喜び、泣くのをやめて元気を取り戻すかどうかが評価されます。多くの子どもたちは、今まで泣いていたのがうそのように元気を取り戻し、活発な探索行動に移り、安定した状態で実験を終了することができます。もちろん、そうではない子どももいて、そのような個人差を抽出することがこの実験室的方法の目的なのです。

……

木部　このSSPの絵はいいですね。ところで、この実験では、アタッチメントを分類する時にどこを一番重視するんですか。

……

繁多　一番と言われれば、第五エピソードと第八エピソードという二回の再会場面での歓迎行動です。

木部　二つ再会場面を作っているのはどういう理由からなんですか。

繁多　要するに、alone（ひとりぼっち）というのと、ストレンジャーがいるところでの母子分離との二つの分離場面を用意したので、再会場面も二回になったということです。Aタイプの子どもでも、alone のところではほとんど泣くんですよ。母親との分離を悲しんでいるのではなくて、alone という事態の恐怖を感じているんだ、というのがエインスワースたちの解釈です。だから、第六場面で泣いても、それは母親との分離で悲しみを示したとはとらえていないわけです。第四場面では、ストレンジャーがいるのに泣くわけですから、それは母親との分離に悲しみを示したという解釈になります。だから、第六場面で泣いてもAタイプに分類されることは大いにあるわけです。第五場面と第八場面では、Bタイプの子はまちがいなく明確な歓迎行動を示します。Cタイプの子は、母親に抱かれようと求めていくわけですが、「なんでぼくを一人ぼっちにしたんだよ」という怒りもあるので、左手でお母さんを叩いて、右手でがっちりしがみついて、というアンビバレントな行動を示します。

木部　ふーん。これはトータルで何分かかるんでしたか。

繁多　二十一分三十秒。だけど二十一分三十秒やらないことのほうが多いですね。Alone のところなんか、泣いているから悲しくなって三分も続けられないんですよ。「短縮だ！」と言って入れるわけです。「いいんです、平気です！」と言うお母さんも中にはいますが（笑）。

木部　あと、ここで入ってくる「若い女性」というのもその人によって違うんじゃないかと思いますが。

繁多　とても違います。私のゼミ生がやると、自分がやるときはどうしても「泣かれたくない」って思うから、一生懸命あやそうとしてね（笑）。するとそれに報いようとする子もいるんです。必死で、顔が引きつっているのに泣くのを堪えてね。それでお母さんが入ってくると、まずストレンジャーの方を見てニコーっと笑うんです。可愛いですよ。

木部　でもそこで気を遣うことができたらセキュアですよね。

繁多　それはもうセキュア中のセキュア。

実験室での行動は、二方向からとってある二本のビデオテープを十五秒ずつ同時に起こし、十五秒タイムインターバル法という方法で集計していきます。各エピソード三分の中で、十五秒のセルが十二できますが、各十五秒の中で探索的移動、探索的操作、視覚的探索、視覚的定位、泣き、発声、口唇行動、微笑について、その行動が一回でもあれば一点、なければ〇点とします。ですからそれぞれのエピソードでのこれらの行動は最大が十二点で、最小は〇点ということになります。一つのエピソードのタイムインターバル法が終わると、ビデオを巻き戻して、三分間を通して再生し、今度は、接近・接触要求行動、接触維持行動、母親捜し行動、距離のある相互作用、抵抗行動、回避行動の六項目について、エインスワースらの評定規準にしたがって七段階法で評定します。

このようにして、第八エピソードまで起こし、最後にＤタイプがまだ認められていない当初の段階では、大きくはA、B、Cの三タイプに、細かくはそれぞれの群に下位群があり、A1、A2、B1、B2、B3、B4、C1、C2の八つのパターンに分類されます。

木部　「A1、A2、B1…」ですが、これはどのような分類なのでしょうか。
繁多　B1というのがA群に近いB、B3がB中のBと言っています。B4はCに近い方のB。
木部　はあー。要するにきれいにABCに分けられないということですね。
繁多　そうですね。だからほんとうは連続しているものだと思うんです。
木部　そうか、スペクトラムですね。そうするとA1といったら、もうASDの赤ちゃんみたいなもので、「お母さんに関心なーい」みたいな人ですね。でも今はもう、こうは分けないですよね。みんなABCですよね。
繁多　研究結果として出る時はそうですが、判定基準として親に知らせる時はA1、B1というのは使っているかもしれません。

A・B・Cの行動特徴

大分類のA、B、Cのストレンジ・シチュエーションでの行動特徴を述べてみましょう。Aタイプは回避群と呼ばれ、母親との接触を回避することを特徴とした群です。このタイプの乳児たちは母親との分離で泣くことはめったにありません。第六エピソードの一人になる場面では泣きますが、それはアローンという状態への反応であって、母子分離に対する反応ではないと解釈されます。分離後の母親との再会場面でも、まったく母親を無視するか、あるいは、ほんのわずか歓迎の様子を示すこともありますが、すぐに母親を回避するような行動をとります。たとえば、母親に近づくのかと思うと、母親のそばを通り過ぎたり、入室してきた母親をちらりと見るが、すぐに視線をそらしたりという行動をします。母親への接近・接触要求が少ないばかりでなく、母親の方が働きかけて抱き上げた場合でも、母親との接触を維持しようとすることはなく、むしろ、降ろされようともがく行動も目立つタイプです。当然、七段階評定の回避行動は高い得点になります。

Bタイプは安定群です。このタイプの乳児たちは、母親との分離がおこなわれる以前のエピソードでは、母親を安全の基地として使用します。母親との分離には悲しみを示し、そのため、分離エピソードでは探索行動も減少しますが、母親との再開には明らかな歓迎を示し、再会エピソードではアタッチメント行動が高まり、母親への接近、接触や相互作用を強く求めます。しかしながら再会後しばらくすると元気を取り戻し、ふたたび、母親を安全の基地として使用しながら探索行動にいそしむようになります。

Cタイプはアンビバレント群とよばれています。一方で母親への強い接近・接触要求行動を示すと同時に、他方において、母親に対する怒りや反抗的行動も示すというように、アンビバレントな行動を示すことを特徴とした群です。母子分離場面では非常に強い不安を示しますが、分離以前のエピソードでも不安の徴候を示し、母親を安全の基地として活発な探索活動を行うというようなことはできません。また、再会エピソードにおいて、母親との接近・接触行動が強くなるのはB群と同様ですが、B群の乳児たちと違って、母親との再会によってもなかなか慰められず、母親から離れられません。いったん抱き上げた母親が降ろそうとすると激しく抵抗して接触維持をはかるが、そうかといって、母親との接触を楽しんでいるという様子でもなく、抱かれながら反抗的態度や怒りも示します。七段階評定では抵抗行動に高い得点がつきます。

今日では、A、B、Cいずれのグループにも適合しない子どもがいることが明らかになってきて、メインら（Main & Solomon 1986, 1990）は、二百以上のストレンジ・シチュエーションのビデオを再検討しました。その結果、分離エピソードでのストレスに対処するために、一貫性のある体制化された方略の欠如した行動を示す子どもたちがいることを見出しました。そしてこの子どもたちを、体制化されていない（disorganization）方向性のない（disorientation）グループとしてDという名称があたえられたのです。このD群については次項で詳しく述べます。したがって、今日では、安定性を軸に安定（B）と不安定（A、C、D）に、体制化を軸に、体制（A、B、C）と非体制（D）に分類されることになっています。実際にはそれぞれに下位グループがありますので、A1、A2、B1、B2、B3、B4、C1、C2、D‐安定、D‐回避、D‐抵抗というように分類されることになります。

このようにして、世界中でSSPは使用され、エインスワースらの資料と比較されました。著者らの一〇五名の資料では、表2で示すエインスワースらの資料と比較して、A群が少なくB群が

表2　A, B, C 3分類の国際比較

	全人数	A分類（%）	B分類（%）	C分類（%）
エインスワースほか（Ainsworth,et et al. 1978）	106	22	66	12
8カ国32サンプルのメタ分析（IJzendoorn et al. 1988）	1990	21	65	14
日本（斉藤晃 2013）	157	8	70	22

多いという傾向が見られましたが、私どもは正式な訓練を受けて分類したわけではなく、エインスワースらの分類基準にしたがって分類したものですので、近年に行われたきちんと訓練を受けた人が分類した斉藤（二〇一三）の資料を比較資料としました。A、B、Cの三分類では、B群が七十%で、A群は八%ときわめて少なく、アイゼンドーンの八カ国のメタ分析に比べてもA群はかなり少ないといえます。C群が比較資料に比べて多いのが日本の特徴といえます（表2）。

このパターン分類よりも、筆者が驚いたのは、ストレンジ・シチュエーションにおける日米の乳児たちの個々の行動の違いです。この行動の分析は、十五秒タイムインターバル法でテープをきちんと起こせば、誰が行なっても正確な数値が出るものなので、エインスワースたちの一〇六名の乳児たちの行動と、著者たちの日本の一〇五名の乳児の行動とを直接比較することができます。そのようにして比較したのが、表3です。「泣き」は各エピソードで日本のほうが多い傾向はあったものの、大差ではなく、最も大きな差違が見られたのは、母子が一緒にいる場面での、子どもが母親を見る視

表3　ストレンジ・シチュエーションにおける日米の比較

（3分間のエピソードで生じた回数）

		Ep 2	Ep 3	Ep 5	Ep 8
視覚的定位	日	5.7	5.2	5.9	4.6
	米	0.9	0.3	0.9	0.7
発　声	日	2.3	1.0	1.8	1.4
	米	5.2	4.1	5.8	5.1

※日本……繁多ほか（1991）　米国……エインスワースほか（1978）

覚的定位行動と、子どもが母親に向けて発する発声行動です。視覚的定位は表3で示されているように、日本のほうが圧倒的に多く、日本の乳児が母と子が一緒にいる四つのエピソードで、一つのエピソード三分の間に平均して五回以上母親を見ているのに対して、アメリカの赤ちゃんは平均して一回も見ていないのです。ところが、母親に向けた発声行動では、アメリカの乳児がひとつのエピソード三分の間に平均して五回以上発声しているのに対して、日本の赤ちゃんは、一つのエピソードで平均一回強しか発声していません。アメリカの赤ちゃんは母親の顔を見ないで、声を出し、母親の声による応答で安全の基地を確認し、日本の赤ちゃんは母親の顔を見て安全の基地を確認しているようです。日本の乳児たちが視覚的相互作用を中心にしているのに対して、アメリカの乳児たちは聴覚的な相互作用を優先させているのです。乳児と母親とが離れて過ごすことが多いアメリカと乳児をそばにおいておくことが多い日本との育児文化の違いがもたらすものかもしれませんが、わずか一年生きているだけでこれだけの差違が生じることは驚きというほかありません。

木部　ＳＳＰの文化差というのは面白いですね。あれこれ連想が湧きますが、日本の住居が狭いということですかねえ（笑）。

繁多　それもある（笑）。

木部　アメリカ人は自己主張が強いということか。日本人でＡが少ないということに関しては、ロンドンで乳幼児観察のグループに参加していた時に思ったことですが、日本人の母親はいつでもきめ細かく関与していますが、悪くいえば、過干渉で、赤ちゃんの個人の自由はないんです。つまり、赤ちゃんはＡでいられないいんじゃないかな。

繁多　やっぱり「目は口ほどにものを言う」というのは日本でしか通用しないということですね。

5. アタッチメントのD型について

A・B・Cで捉えられない子どもたちの発見

ＳＳＰを実施しているうちに、Ａ、Ｂ、Ｃのいずれにも分類しにくいケースがあることが判明してきました。Ａ型のような回避的な行動をしたかと思うと、対照的なＣ型のような行動もするというような子どもが存在することが認められて来て、はじめのうちはＡ／Ｃという表示をしていたこともありましたが、前述したように、メインたちは、これまでにとってあったストレンジ・シチュエーションのビデオテープを再検討して、分離場面でのストレスに対処するために、一貫性のある体制化された方略の欠如した、体制化されていない（disorganised）、方向性のない（disorienmted）行動を示す子どもたちがいることを見出し、それをＤ型としました。つまり、「安全 - 不安」という軸で分類したＡ、Ｂ、Ｃ分類では捉えられない子どもたちがいるということです。Ｂタイプの子どもたちは「母親はいざというときはいつでも守ってくれる人だから、母親がいるところでは離れて遊んでいても大丈夫だ。お母さんいなくなると寂しいけど、必ず帰ってくるから、帰ってきたらまただっこしてもらって慰めてもらおう」という一貫した気持ちでそれぞれの場面に対応します。

Ａタイプの子どもは、「母親に接近・接触を求めても、拒否されることがこれまで多かったから、求めて拒否されるほど悲しいことはないので、最小限の接近・接触にとどめておこう」という方略をもって行動しています。Ｃタイプの子どもたちは、「母親はいつも自分の思うとおりには行動してくれないし、いつなんどき自分を置き去りにするかもしれないので、自分の思うように行動してくれるようねばり強く要求し続けよう」という方略をもって臨んでいます。「安全－不安」という点ではこの三つのタイプには大きな違いがありますが、それぞれに体制化されていて、一定の方略をもって行動しているという意味ではこの三つのタイプは一致しています。ところが、Ｄタイプはそのような体制化がなされていず、一貫した方略をもっていない子どもたちだというのです。次の行動群にあてはまるなら、この基準を満たすと考えられます（Prior, V. and Glaser, D. 2006より）。

①矛盾した行動パターンを、順次、連続して示す。たとえば、アタッチメント行動を強く示した後に、突然、回避したり凍りついたり、あるいはボーっとしたりする。

②矛盾した行動を、同時に示す。たとえば、強く回避すると同時に、接触を強く求めたり、苦痛や怒りを示したりする。

③動きや表情に方向性がなかったり、誤った方向に向けられたり、あるいは完結していなかったり、中断されたりする。たとえば、苦痛をさまざまな形で表現しながら、動きは母親の方に向かうというよりも、むしろ母親から離れる方向へと向かう。

④動きがいつも同じパターンで、非対照的で、タイミングがずれており、そして、姿勢が普通では

ない。たとえば、明確な理由もないのにつまずく。それも親がいるときだけそのようになる。

⑤動きや行動が凍りつき、動かないでじーっとしていたり、まるで水中で動くようなスローモーションになったりする。

⑥親に対する懸念がはっきりわかるような動作や表情を示す。たとえば、肩を丸くするとか、怖がった表情をする。

⑦非体制性や無方向性を直接に示す動作や表情を示す。たとえば、方向性がなくさまよい歩く、困惑したりボーっとした表情をしたり、あるいは急に感情がいくつにも変化する。

メインらは「非体制性」の行動指標の強度について、「1．非体制性／無方向性を示すサインがない」から「9．Dカテゴリーとはっきり判断するに十分なものがある。さらに、非体制性／無方向性を示す指標は、強度、数、極端さにおいて高くなっている」まで、九段階で単純な順序づけをしています。

この九段階評定で一つの項目でも六点以上があったらDと判定されます。そして、近年では(Lyons-Ruth et al. 2004) 乳幼児の行動がDカテゴリーの基準に一致したら、今度はそのもとにある方略を判別しようとします。その結果、乳児は非体制性の安定型、非体制型の不安定型をさらに二つに分けて、非体制‐回避型、非体制‐抵抗型と、D型は三つの群に分類されることになっています。日本の斉藤の資料（表4）も、そのようにD群を三つに分類したときのものです。Dタイプの予後がきわめて悪いということは以前から言われてきたことですが、それは、非体制‐不安定の

表4　アタッチメントの日米比較（4分類）

	全人数	A分類（%）	B分類（%）	C分類（%）	D分類（%）
北米の中産階級、非臨床サンプル（IJzendoorn et al 1999）	2104	15	62	9	15
日本　非臨床サンプル、早産児含む（斉藤晃　2013）	157	3	63	17	17

子どもたちだと考えられます。

木部　昔なかったDタイプが近年増えてきたのはどうしてですか。

繁多　それは拡大解釈をしているからでしょう。七項目のなかでどれか一つでも六以上になるといったら、どんどん増えますよ。しかも「Dの安定型」なんていったら……

木部　それは「Dで安定してどうするんだ」っていう話になりますね（笑）。

繁多　なってしまいます。

木部　でもDタイプということが言われるようになってきたわけですが、それはそもそも先生が昔、日本でアタッチメントを調べた時はそういうものは無かったわけですよね。それは一九九〇年代ですか。

繁多　私がやっていたのは一九八〇年代です。

木部　メインはDタイプということを一九九〇年くらいから言っているわけですよね。

繁多　もっと前から言っているかもしれません。一九八五年くらいには「A／C」くらいは言っていたかもしれない。

木部　じゃあどうしてDタイプというものが出現してきたんでしょう。

繁多　もともとはとても少ない、稀に出る、被虐待児とか、そういう子どもたちだったんだと思います。それがだんだん拡大解釈されていって、七つの項目の兆候が少しでもあれば、Dタイプに分類するようになってきた。

木部　親の養育態度が悪くなり、その結果として、子どもの質としてアタッチメントのレベルが悪くなったというわけではないということですね。こちら側の診断基準というか判断基準の変化によってDタイプが増えたということで、本質的にはそんなに大きく変わっていないということでしょうか。

繁多　私はそう思います。そう思いたいじゃないですか。だけどもし本当にDタイプが増えているんであれば、これは深刻な問題ですよね。

Dタイプというのは先行要因が非常に悪いと言われているので。虐待が増えているということがもし本当だったら、Dタイプが増えているということもありうることになるわけです。だけど私は、「DのB」みたいなものまで作ってるから増えてる部分がかなり多いとは思います。

木部　ふーん。まあ要するに研究のための研究というか、「ブーム」ですよね。発達障害もそうですが。「誰でも、人は皆、発達障害」みたいな話になってしまう……。そうか、そういう診断基準問題が、Dが多くなった理由なのか。

繁多　私はそう思います。まあ、両方考えなければいけないのですが。

木部　でもそういう意味では、この判定基準によれば、「疑わしきはD」という話になってしまうということですよね。さっきの項目の一項目でも満たせば……

繁多　そうそう、つまずいたりしたらDになってしまう（笑）。

木部　そうですよね。そうかあ、判定基準の問題かあ。ちょっと安心しました。

繁多　斉藤（二〇一三）は、日本でも十七パーセントのDタイプがいるとしています。アイゼンドーンの十五パーセントよりも多いんですが、最近のアメリカでは二十パーセントくらいあるらしいです。斉藤は全一六五（表4では分類不能を除いた数字になっている）ケースの判定をアメリカのベテランに頼んだそうです。つまりアメリカの人がビデオを見ながら判定したものです。斉藤のDはほとんどが9段階評定の「5」でDに入ったものだそうです。本来は「5」は再検討ということになっているのですが、全部「D」に入れられたそうです。だから日本のDは軽いDだと思っていいと思います。

木部　ふーん。それともう一つは、知的にボーダーのような子どももこういうところに来ると思うのですが、知的なものとこういう方略（タクティクス）は関連しているのでしょうか。

繁多　脳の発達とアタッチメントが強く関連しているとはしばしば言われています。極端なDタイプは脳の発達が十分でないということはあるかもしれないですね。

木部　ふーん。あともう一つ、今の斉藤先生の表でDタイプが十七パーセントというのは、この子たちがみんな極端な虐待を受けているわけではないですよね。

繁多　いえいえ、全然。十七パーセントの半分近くは「DのB」ですから。わけがわからない。

木部　DのBはまずいですよね（笑）。臨床的には意味のないものですね。

繁多　その「DのB」の人は、すごく自信のないお母さんの子だと言われているという指摘もあります。でも私は、「DのB」などというのはあまり心配する必要はないと思っています。

木部　ふーん。そうか、その意味では判定基準問題なんですね。僕もそんなに極端な、ラディカルな変化が子どもにあるとは思えなかったんですが、そういうことなんですね。

Dタイプの予後

縦断的研究によりますと、乳幼児期に見られた非体制型のアタッチメント行動は、児童期初期の統制的アタッチメント行動へと移行することが示されています。この研究はメインら（Main & Cassidy 1988）によるものです。彼女らは六歳でのアタッチメントの体制化を分類するためのコード化システムを開発しました。実験的状況において、一時間の分離を経た後、親と自然な設定で再会したときに子どもがどのような反応を示すかを見たところ、Dタイプの子どもは、親の注意や行動を統制したり、方向づけようとしたり、本来は親がとることがより適切だと思えるような役割を子どものほうがとっている、とメインらは述べています。さらに、このDグループは次の二つの下位グループに区別されています。

木部　なぜ六歳を選んだのですか。

繁多　メインがこの方法を六歳児を対象に開発したのです。

統制的 - 懲罰的（controlling-punitive）：子どもは親に屈辱を与えようと、あるいは親を拒絶、統制しようとしています。たとえば「私はあなたに静かにしなさいといったでしょ」といった言い方をします。

統制的 - 過度に快活／養育的（controlling-overbright/caregiving）：子どもは親のことを案じたり、譲ったりする行動を示します。また、役割逆転を思わせるようなケアや心配した行動を見せます。このような子どもは再会のときに極端で神経質な陽気さを示すことがあります。

メインらはこの分類システムを用いて、一歳時点でのストレンジ・シチュエーションでのアタッチメントの査定結果が六歳での再会場面での母親への再会反応を予測することができることを見出しています。このメインらの研究を含む関連する四つの研究についてメタ分析（van Uzendoorn, Schudgel & Bakermans-Kranenburg 1999）が行われた結果、乳幼児の非体制型アタッチメントと六歳児の統制的行動との間に有意な関係があることが見出されています。

木部　これは子どもの治療をしているとよくわかります。いわゆるDタイプと言われるようなしっちゃかめっちゃかな子、いつも狂ったような行動をしている子は、五〜六歳になったらいなくなります。その子たちは、非常にコントロールして暴力的になるか、あるいは偽りの自己のようなものを発展させるか、その二つのパターンになるんです。子どものプレイセラピーの中で見ていると、これは元は確かにDなんだなということがよくわかるケースがあります。プレイセラピーに来る五〜六歳の子で大変な子はそうなんです。そういう中には施設の子などもいることは確かです。

このDタイプの予後がよくない、という指摘は多方面からなされています。一歳時点でD型と分類された幼稚園児は、一歳時点で安定型に分類された子どもより仲間に対する敵意的、攻撃的行動が六倍も多かったという報告（Lyons-Ruth et al. 1993）や、貧困で十代の母親の子どもは深刻な愛着障害になり、後に攻撃行動を発展させる危険性がきわめて高いことを指摘し、このような母親の子どもの六十二％がDパターンに分類され、これらの子どもたちは二歳までに母親に対する敵対的、攻撃的行動を始めていたという報告（Hann et al. 1993）などもなされています。

リヴィーら（Lavy & Orlans 2000）はDタイプの子どもたちは「巨大な挑戦者」だといっています。彼らは親の権威や社会のルールを否定します。彼らは典型的な反抗挑戦性障害の子どもたちよりも怒りや不服従を強く示します。養育者や他者をコントロールしようとする傾向はDタイプの子どもたちの主要な行動特徴ですし、これらの子どもたちの世話をする人々に対する一貫した挑戦です。彼らは生活の手段として嘘をつきます。彼らの嘘は罰を避け、力を得るための習慣的な方略になっているのです。彼らは嘘をつく必要のないときでさえしばしば嘘をつきます。そうすることで、「有利な立場」に立っているという興奮や感情を楽しんでいるのです。

また、重篤なDタイプの子どもたちには動物虐待や火付けなども見られるというのです。動物虐待はアタッチメント障害の最も混乱した表出の一つとして見られています。動物虐待には、乱暴に扱うとか、蹴るといったいじめから、殺害するといった犯罪まで幅がありますが、これらの子どもたちは、ペットと愛情の授受をする能力に欠け、適切な世話をする責任感に欠け、動物の苦痛に共感することもできないのです。彼らは弱小感や劣等感を補償するために、無力な動物に欲求不満や敵意を発散させて喜んでいるのです。動物を虐待する子どもが、大人になって暴力犯罪を犯す可能性は、そのようなことをしない子どもたちの五倍以上に達しているということは多くの研究が示しているところです。子どもを動物虐待に導く最も一般的な原因は、親による子どもの虐待でしょう。フロム（Fromm 1973）はサディスティックな子どもは自分自身が親の虐待の犠牲者であると述べています。

リヴィーらは、深刻なDタイプの子どもたちにとって、火は特別に魅力的なものであると指摘しています。火は力を意味しますし、崩壊も意味します。怒りに満ちていて、力がないと感じている子どもたちにとって火は魅力的な性質をもっています。子どもの火付け行動は養育者に対する大きな当惑を示しています。火付けをする子どもは火をおそろしく憂慮すべきものと感じていて、それゆえに自分の力や統制力をさらに増やして、自分を有利な立場におくために、それを利用するというのです。火付けにも単純な火遊びというものから家に放火する深刻なものまでありますが、計画的な火付けであればあるほど、子どものアタッチメント障害もより深刻といえるのです。

このように見てくると、北米に比べて、日本の資料（斉藤　二〇一三）にDタイプの多いことが気になるかもしれませんが、D-安定型の子どもが半数近くを占めていたこと、さらに、斉藤の資料のほとんどの子どもが五点（六点以上は無条件でDタイプに分類されることになっていて、五点は再検討されることになっている）でDに分類されているということですので、さして心配する必要はないと言えるでしょう。D-安定型の子どもはA、B、C分類ではB群に分類されており、母親と一緒にいるエピソードでは母親を安全の基地として、探索行動もしているし、母親との分離では悲しみのサインを示し、再会エピソードでは明瞭な歓迎行動を示しているのですから、母親に対する信頼感はかなり高いものがあると考えてよいでしょうし、母親に対するワーキングモデルもポジティブなものと考えてよいでしょう。ただ、D-安定型の子どもたちの母親は、きわめて無力感が強く、少しのストレスでも動揺し、情緒的に引きこもってしまう傾向があるらしい（遠藤二〇一六）ので、そのことが非体制性や無方向性の行動も示す要因になっているかもしれませんが、しかし、その子どもたちがこれまで述べてきたような「巨大な挑戦者」になる可能性があるとは到底考えられないことです。

…………

木部　Dの「disorganized」とCの「ambivalent」はどう違うんでしょうか。「ambivalent」は愛情と敵意を同時に表すということですが、それは「disorganized」ではないのですよね。

繁多　C群の子どもは「矛盾する行動をとる」というのを一つの方略として見ているわけでしょう。

…………

「いつなんどきこの人は自分を置き去りにするかもしれない」という疑問を持っているから、離れないようにすることが一番の方略になる。だからC群の子どもたちには方略がある。けれどもD群の子どもたちは、人が見てわかるような一貫した方略をもたないということでしょう。「こういう方略で母子関係をやっているんだな」という方略が見えない。

木部　言われていることは確かにわかるんですが、そんなにしっちゃかめっちゃかになっている子がいっぱいいるのかなあ、と。

繁多　いっぱいいないですよね。考えられませんよ。まあ、虐待されている子どもはそうでしょう。お母さんにくっついていいのか離れていいのか、どういう行動をしたらいいかわからない。何をしても叱られているんでしょうから、いろいろ矛盾する行動もするかもしれませんが、ただフリーズして立っているというのもあるでしょうし。もしそれがどんどん増えているというのなら、虐待がどんどん増えているということですよね。

木部　ふーん。でもここに書かれている「D - 安定型」のようなものもあるわけで、結局これも数字の一人歩きみたいなものということでしょうか。

繁多　そうですよね。こんなの馬鹿みたいだと私は思っています。Dの中でどちらかというと抵抗が多い子と回避が多い子とに分けるというのならまだわかりますが、Dで「安定」というのはどうしてもわからない。要するに「七つの項目で五点以上のものが一つでもあったからDです。この子たちをもう一度ABCで判定してみましょう」と言って、独立して判定していますから、それはDに入っているなかでBの子も出てくるわけです。

木部　要するにDに入るか入らないかというのが上位概念になっているんですね。
繁多　そうそう。Dがあるかどうか決めてから、またABCに分類している。逆にABCに分類してからDに分類すると書いてある本もありますが、現実にはどうも、Dがあるかどうかをまず決めてからABC分類している方が多いようです。
木部　七項目のうち一つでも六点以上あったら無条件にDですからね。
木部　ふーん。これはメインが作ったんですか。
繁多　そう、メインたちが作りました。
繁多　メインは何が一番言いたいんでしょうか。こうやってDが増えることで、だれが益を得るのでしょうか。「D＝愛着障害」ではないわけですよね。
木部　愛着障害ではない。二十パーセントも愛着障害がいればたいへんですよ。
繁多　そうですよね、とんでもない人迷惑な研究の話ですよね。
木部　でも、愛着障害をDと明瞭に区別するような定義は誰もしていないんです。
繁多　ふーん……そうか、一方の極で発達障害が流行り、一方の極で虐待が流行りという、概念の拡大化か。どんどん病人を増やしていますね。

6. 成人のアタッチメント――AAI研究の起源とその展開

アダルト・アタッチメント・インタビュー（AAI：Adult Attachment Interview）は成人のアタッチメントパターンをストレンジ・シチュエーションでのパターン分類に対応させて特定することを目的に考案されたものです。したがって、はじめの頃は被験者として母親を対象に考えていたようです。ジョージら（George, C., Kaplan, N., Main, M.）が、一九八四年ごろから非公開の形で開発しはじめ、何回かの改定を経てきているものですが、最終版は公表されていませんので、ここではジョージら（一九八六）、ヘッセ（Hesse 1999）、安藤ら（二〇〇五）、長沼（二〇〇五）を参考に質問内容から分析方法まで、その概略を示してみましょう。

アダルト・アタッチメント・インタビューにはいくつかのユニークな特徴があります。その特徴を列挙すると、①もっぱらアタッチメントに関する問題から構成されている。②高度に構造化された質問紙面接の特徴と臨床的面接の両方の特徴をもっている、つまり半構造化面接である。③過去の経験の記憶や評価について、種々の経験についての全体的評価と、伝記的な特別のエピソードという二つの形で繰り返し尋ねる。④面接時には録音するが、その内容は一字一句転写され、その筆記録の検討を通して分析がなされる。

ＡＡＩは縦断研究の過程で考案されたということですが、おそらく当初はＳＳＰで評定される子どものパターンと母親のパターンとの関連を見たいということから開発が急がれたのだと思います。

質問内容は幼少期や児童期における養育者との経験や、喪失や虐待の経験の有無などについて質問しますが、面接の最初に、開発当初のバージョンでは「私どもの研究室ではお母さんたちが子どもの頃にどのような養育を受け、その養育が、現在、親としての、あるいは人間としての自分にどのような影響を及ぼしていると感じているか、ということをお母さんたちに尋ねることを始めています……」という導入からはじまっています。これはバークレーで母親百二十ケースをとったときのイントロで、今日では母親だけでなく成人一般に用いられていますので、このような導入はしていないと思われます。ＡＡＩは今日でも公表しているわけではありませんので、質問項目も途中のバージョンのものですが、ここではヘッセ（一九九九）が示した十五項目を例示しておきます。どのような質問によって構成されているかのアウトラインは分かるかと思います。実際にはそれぞれの質問項目に補足質問もついていますので、ここに示した短い文章だけで実施しているわけではありません。さらに今日では二十項目になっているようです。実際にＡＡＩを実施するためには講習を受け、資格を取得することが必要とされています。

質問項目

1. まず、幼い頃のあなたの家族の状況や住んでいたところなどについてお伺いします。あなたはどこで生まれたのですか。家族構成は？
2. では、あなたが子どもの頃のあなたの両親との関係についてお話していただきたいのですが、できるだけ小さいときのことからお話ください。
3. あなたが子どもの頃のあなたとあなたのお母さんの関係を表す形容詞を五つ選んで教えてください。私が書き留めますので、五つ揃ったところで、その形容詞を選んだ具体的な経験や記憶についても聞かせてもらいます。
4. 今度は幼い頃のお父さんとの関係を表す形容詞を五つ選んで教えてください。そして、その形容詞を選んだ理由を教えてください。
5. 子どもの頃、父親と母親のどちらをより親密に感じていましたか。それはどうしてですか。
6. 子どもの頃、心が動揺状態（upset）になったときあなたはどうしましたか。どうなりましたか。情緒的に動揺したときにどんなことが起きたか憶えていますか。ちょっとした怪我をしたときや病気をしたときはどうでしたか。
7. あなたが覚えている両親との最初の分離は何のときですか。
8. 幼いころ、両親から拒否されたと感じたことはありましたか。そのときあなたはどうしましたか。彼らは自分たちでもあなたを拒否していると気づいていたと思いますか。

9. あなたの両親はあなたをなんらかの方法で脅したことがありますか。しつけのためとか、あるいは単なる冗談だったかもしれませんが……。
10. 両親とのこのような経験は大人になったあなたのパーソナリティにどのように影響していると思いますか。幼い頃のあなたの経験であなたの発達の妨げになったと思われるようなことがありますか。
11. あなたが幼い頃にあなたの両親がそのような行動をとったのはどうしてだと思いますか。
12. 子どもの頃、両親のように親しくしていた他の大人がいましたか。
13. あなたは幼いときに、両親や他の親しい人を亡くされたことがありますか。大人になってからはどうですか。
14. 子ども時代と大人になった今日までの間に、あなたと両親との関係に変化が数々ありましたか。
15. あなたが大人になった現在のあなたとあなたの両親との関係はどのようなものですか。（訳は著者）

このような質問による応答は録音されていますが、すべて記録用紙に転写され、まず一読して、その個人のアタッチメントの歴史を頭に入れ、非常に重要なできごとがなかったかどうかチェックするというところから始めます。ついで「推測される幼少期の体験」として五尺度と「愛着に関する現在の心的状態」十二尺度が九段階で評定されます。そして、最後に、「語りの一貫性」という基準を中心にした分析を通して、安定型（F）、回避型（Ds）、とらわれ型（E）、それに未解決型（U）の四分類がなされますが、未解決型については心的外傷（喪失や虐待）について語った部分についてのみ分析を行うため、それ以外の語りの部分について第二分析を行い、未解決-安定、未解決-回避、未解決-とらわれ、に分類されます。

木部　ＡＡＩはアタッチメントの研究を子どもから成人にまで適応させることで、研究の領域を大幅に広げましたが、ＡＡＩの論文は日本にたくさんあるんですか。

繁多　ＡＡＩを使った研究の結果はあるかもしれませんが、実施法や分析法を詳しく書いた本は見たことないですね。公表されていませんので。

木部　ＡＡＩを実践している人は日本にあまりいないんですよね。

繁多　研修を受けなければなりませんからね。

木部　でもＡＡＩの質問項目というのは、普通に臨床的に大人のアセスメントなどで使うといいんですよね。研究方法としては使えないかもしれないですが、「ではお母さんについて思い出せるような形容詞を五つ言ってみて」など、普通に使えますから。

繁多　それはいいんですが、論文として投稿したときなどは、「あなたはちゃんと研修を受けていないでしょ」と却下される。そういう意味です。

木部　まあ、複雑ですからね。もう一つ、ＡＡＩの質問項目で調べているのは、ワーキングモデルなんですよね。

繁多　もちろん、その人の持っている成人のワーキングモデルを調べているんです。
木部　つまりアタッチメントはどちらかというと行動的なものであるのに対して、AAIはもっと内在化されたワーキングモデルを調べている。
繁多　そうです。子どもがアタッチメントを形成していく過程でワーキングモデルを作っていくわけで、そのワーキングモデルにはABCDというのが付いている。それが大人になってどうなっているかというのを見ているわけです。それはまったく対応するように作ってあるわけです。AとDs、BとF、CとE、それからDとUというふうに。
木部　はい。でも名前は変えてありますよね。
繁多　C（E）はアンビバレントと言わないで「とらわれ型」と言っていますが、A（Ds）は「回避型」ですね。D（U）は「未解決型」と言ってますね。

九段階評定

最初に評定を行うのは、「推測される幼少期の体験」に関してで、Loving（愛情的）、Rejection（拒否的）、Involving/Role-reversal（精神的巻き込み／役割逆転）、Pressure to Achieve（達成への圧力）、Neglecting（保護の怠慢）、の五尺度について父母それぞれについて九段階法で評定されます。
次に現在の心的状態の十二項目が評定されます。Idealization（理想化）、Preoccupied Anger（とらわれた怒り）、Derogation（侮蔑的怒り）の三項目については父母それぞれに評定します。次に同じく現在の心的状態について、Overall Derogation（愛着に対する侮蔑的怒り）、Insistence on Luck of Memory（想起の困難の主張）、Memory Loss（記憶の喪失）、Meta Cognitive-Monitoring（メタ認知 - モニタリング）、Passivity in thought process（思考の受動性）、Unresolved Loss（未解決の喪失）、Unresolved Trauma（未解決の心的障害）、Coherence of Transcript（記述の一貫性）などが評定されます。この「記述の一貫性」はきわめて重要な項目で、一貫性の評定は、Grice（1975）が示した quality, quantity, relevance, manner の四原則を通して吟味されます。

Quality（質）は「真実であり、発言に証拠がある」というもので、話す内容に事実との矛盾や論理的矛盾はないか、エピソード記憶と意味的レベルの矛盾はないか、といったことが吟味されます。

Quantity（量）は「簡潔でありながら完全」というもので、面接者の要求をはるかに超えた情報を与える場合も、憶えていないということで回答をほとんど拒否する場合も量の違反となります。

Relevance（関連性）は「適切で明敏」を意味していて、論題から離れて他の話になる、質問を完全に忘れる、といったことは関連性の違反となります。

Manner（様式）は「明らかで順序正しいこと」で、文法上の間違いや意味のはっきりしない部分があるとか、予告もなしに親の声色が出てくる、といったことは様式の違反となります。

最後に、Coherence of Mind（精神の一貫性）を測定します。「記述の一貫性」において測定されたものを含み、さらに一歩踏み出して、被験者の全体的な信念体系の性質を評定します。この記述の一貫性および精神の一貫性が高いことが安定型の大きな特徴です。

パターン分類

この九段階評定から得られた結果をもとに、パターン分類がなされます。先に示したように、安定型（F）、回避型（Ds）、とらわれ型（E）、未解決型（U）に分類されます。SSP同様にそれぞれに下位パターンも用意されています。SSPとの関連では、AとDs、BとF、CとE、DとUが対応しているパターンということになります。アタッチメント・パターンの連続性を検討する際には、十二カ月時点でのSSPのパターンと成人してからのAAIのパターンとの対応関係を見ることが中心になっています。

安定型（F）の人はアタッチメント関係やアタッチメント経験を価値あるものとみなし、影響力の大きいものとみなしています。しかし、その関係や影響についての評価は客観的になされます。話には一貫性があり、親との関係についての一般的な記述は特定のエピソード記憶によってサポートされています。主題に気軽に取り組み、話もなめらかで、話に矛盾がありません。一貫性の四原則すべてを満たしているのがこのタイプの特徴です。もう一つの特徴は、九段階法で評定した「メタ認知モニタリング」の得点が非常に高いことです。これは、見た目と中身は違うこと、同じことに対しても人によって捉え方が異なるということ、同じ人であっても時が経てば考え方が変わりうるといったことを認識し、受容するような発言が多く、いわゆるモニタリング能力が高いこともこの型の人たちの特徴です。

回避型（Ds）の人は初期のアタッチメント関係や経験がパーソナリティの発達に影響している可能性を積極的に払いのけようとします。親の理想化や子ども時代の想起の欠如も見られます。父母について「やさしい」といった形容詞をあげながら、やさしさを示す具体的なエピソードは何一つあげることができないといったことが目立ちます。

親を蔑視するようなDerogation（侮蔑的怒り）の得点が高いのも回避型の特徴です。「憶えていない」「記憶にない」と主張することが多いため、筆記録全体が短く、一貫性の量の違反は明確です。

とらわれ型（E）の人は両親やアタッチメントに関する経験の影響はないと主張されるわけでもなく、そうかといって一貫性をもってあると述べるわけでもありません。しかし、両親やアタッチメントへの関心は強く、いまだに没頭しているかのように見えます。両親は役割逆転や極端な子どもの巻き込みをしてきたようです。両親への怒りを表す一方で、両親を喜ばせたいという思いをみせるなど、両親にたいするアンビバレントな感情を抱いています。両親との愛着関係にとらわれているため、親子関係を客観的に捉えることができず、説明が曖昧で一貫性に欠けています。質問の趣旨から離れて関係のない話題に焦点がずれていくことが多く、一貫性の四原則すべてに違反しています。

未解決型（U）の人は、喪失体験や心的外傷となる出来事について、一貫性に欠ける話をします。

重大な言い間違いをして、なおかつそれに気づかないとか、意識がその場から飛んでしまっているような状態になってしまったり、時間・空間についての理解が乏しい状態を示したりします。喪失体験や心的外傷となる出来事に関する質問に対する応答に限って、他の部分とは明らかに異なる感じの話し方をするのがこのタイプの特徴です。

ＡＡＩの結果と精神病理との関係では、境界性人格障害との関連が注目されています。これまでの研究では、境界性人格障害はとらわれ型に分類されることが多いようです。一方、犯罪者たちは愛着軽視型（回避型）や未解決型に分類されやすいようです。

これまで述べてきたＡＡＩに対して、クリテンデンら（Crittenden, P. M. and Landini, A. 2011）は、健常群のＡＡＩと臨床群のＡＡＩとの間には統計的有意差は見られるものの、両群には相当の重複が見られ、ＡＡＩで評定される不安定型や無秩序型のアタッチメントが精神病理を引き起こすという証拠はほとんどない、と指摘して、危機と危機への適応に関する決定的な情報を引き出すためのアセスメント・ツールとしてはＡＡＩを用いながら、アセスメントから情報を引き出す方法として、ＡＡＩ談話分析の動的・成熟モデル（Dynamic-Maturational Model of attachment and adaptation: DMM）を開発しています。

不安障害、回避性パーソナリティ障害、摂食障害、家庭内暴力など多くの精神障害に関してこのDMM-AAIによる分析の妥当性が証明されているというのです。この談話分析の方法の詳細についてここでは述べるスペースがありませんが、日本語訳も出版されています（クリテンデン他『成人アタッチメントのアセスメント——動的‐成熟モデルによる談話分析』岩崎学術出版社、二〇一八）。

木部　基本的にAAIは、小さい時のアタッチメントスタイルがわかっている人を解析していたということですか。

繁多　研究としては、連続性、あるいは世代間伝達を見ています。世代間伝達を見るときには、赤ちゃん（SSP）とお母さん（AAI）との両方を測り、両方のタイプが一致していれば世代間伝達を言えるわけです。また、もう二十年もたっているから、一九八〇年代九〇年代にSSPでアタッチメントパターンを調べた子がもう成人になっているので、連続性の研究ができます。

木部　要するに、縦と横ということですね。

繁多　そうです。お母さんと子どもが一致しているかということと、その子どもが大人になった時の連続性がみられるかということ。大きくなってからの一致がみられるのは七十パーセントくらいですかね。何か大きな事件があったというケースを除けば七十六パーセントくらいに高まる。でも、それはむしろ非連続性があって然るべきではないかという意見があって、何か事があったときには当然変わるわけで、それが逆に連続性であるというわけです。ボウルビィは、養育態度とアタッチメントの型は一致している、養育態度を大きく変えれば型は変わるとしています。

私は実際にそういう例を経験しています。典型的なA群の子どもが、二年間かけてB群になりました。

7．アタッチメントの質問紙調査

質問紙によるアタッチメントの測定は、主に社会心理学で用いられています。わが国において最も多く使われているのは、Hazan & Shaver（1987）の成人用愛着尺度を参考に、青年期以降の愛着スタイルを測定するために作成された日本版の成人用愛着スタイル尺度（詫摩、戸田一九八八）です。Hazanらの質問紙はＳＳＰの分類に合わせて安定型、回避型、アンビバレント（両価型）それぞれに該当する文章を用意し、自分に最も適合する文章を一つ強制的に選択させて、その人のアタッチメント・スタイルを特定していくものですが、それを参考に作成された日本版（詫摩、戸田　一九八八）は安定、回避、アンビバレントの三スタイルに該当する項目が六項目ずつ、計十八項目について、「非常によくあてはまる」から「まったくあてはまらない」までの五件法で採点され、最も合計得点の高かった型をその個人の型とするものです。最高得点が二つ以上あって判定できないときは、混合型にすることになっています（表5）。

ＡＡＩでの分類結果とこの質問紙の結果との関連を検討した長沼（二〇〇五）によると、両者の一致率は安定、不安定の二分類では六十八％、安定、回避、とらわれ、の三分類では六十三％とそ

表5　日本版の質問紙

安定型
- 私は知り合いができやすい方だ
- 私はすぐに人と親しくなるほうだ
- 私は人に好かれやすい性質だと思う
- たいていの人は私のことを好いてくれていると思う
- 気軽に頼ったり頼られたりすることができる
- 初めて会った人とでもうまくやっていく自信がある

回避型
- 人に頼るのは好きではない
- あまりにも親しくされたり、こちらが望む以上に親しくなることを求められたりすると、いらいらしてしまう
- 人は全面的には信用できないと思う
- どんなに親しい間柄であろうと、あまりなれなれしい態度をとられると嫌になってしまう
- あまり人と親しくなるのは好きではない
- 私は人に頼らなくても自分一人で充分にうまくやっていけると思う

両価型
- 人は本当はいやいやながら私と親しくしてくれているのではないかと思うことがある
- 自分を信用できないことがよくある
- 私はいつも人といっしょにいたがるので、時々人から疎まれてしまう
- ちょっとしたことで、すぐに自信をなくしてしまう
- あまり自分に自信が持てないほうだ
- 時々、友達が本当は私を好いてくれていないのではないかとか、私と一緒にいたくないのではと心配になる

れほど高くはありません。

長沼はＡＡＩを実施した一〇二名にこの質問紙を実施していますが、質問紙で混合型が十一名出たために三分類では九十一名で分析しています。安定型の一致率は八十％に近く、かなり高いのですが、全体的な一致率が低い要因としては、ＡＡＩで回避型とされた十二名のうち質問紙では安定型が七名、ＡＡＩでとらわれ型（子どものアンビバレント型）とされた十五名のうち質問紙では安定

型が八名と、いずれも過半数が質問紙では安定型になっているのです。

このような不一致が不安定型に極端に多く出た要因として考えられることは、ＡＡＩでは、両親について形容詞で表現するような意味記憶もとっていますが、しつこくエピソード記憶の想起を促し、その意味記憶とエピソード記憶の不一致も不安定の要因として捉えているのに対して、質問紙で捉えているのは意味記憶のみです。ワーキングモデルが一番下層の具体的表象、中層の一般的表象、上層の抽象的表象の三層から捉えているのに対して、質問紙は上層の抽象的表象のみ、つまり意味記憶のみを捉えているので、それは意識的にどのようにでも変えることができるという問題があります。ＭＭＰＩという性格検査ではその点を補うためにLieスコアを出す工夫をしていますが、アタッチメントを測定する質問紙ではそのようなことはしていません。

そのほかによく使われている質問紙としては、Bartholomew & Horowitz（1991）のものがあります。これは自己観と他者観について、肯定的と否定的という次元で分類しようとするものです。安定型は自己観も他者観も肯定的で、自分は愛されるに値するという感覚と、他者は一般に受容的で応答的であるという期待を持っているタイプです。とらわれ型は否定的自己観と肯定的他者観をもち、自分は愛されるに値しないという感覚をもっているが、他者は受容が期待できると思っている。回避型は二つに分かれ、拒絶・回避型は肯定的自己観と否定的他者観からなり、自分は愛される価値があるが、他者には価値を感じず、また、その確証に他者は必要としない、というタイプ。もう一つの回避型は恐れ・回避型で、否定的自己観と否定的他者観からなり、自分は愛される価値がないと捉えるとともに、他者の受容も期待できないと考えている。この四類型とうつとの関連をとらえた研究（Murphy & Bates 1997）では、うつ群には対人恐怖的な恐れ回避型が最も多く、とらわれ型も多いことから、否定的な自己観とうつとの関連が認められています。ボウルビィは自己観と他者観は実際上は一致するはずだと述べていますが、質問紙で分類すると、自己観が否定で他者観は肯定、自己感は肯定で他者観は否定というタイプも抽出されることになるようです。これも日本版（加藤和生）が作成されているようです。

そのほか、Pottharst（1990）の“Attachment History Questionnaire”や Armsden & Greenberg（1987）の“Inventory of Parent and Peer Attachment”、それに Shaver & Mikulincer（2002）の“Close Relationships Scale”などがあり、よく使用されているようです。

ＡＡＩが今日のように実施するには多くの研修を受けなければならないような状態では、誰もがＡＡＩを使用できるわけではないので、信頼できる質問紙調査法がきわめて有用になって来ると考えられます。各アタッチメント・スタイルごとのさまざまな情報処理の仕方の特徴などを大量データで検討することが可能だからです。

木部　質問紙は院生の修論などでもよく使われていますよね。

繁多　まあ質問紙調査というのは、私は必要だと思いますが、ボウルビィは嫌うんです。「心理学の基本はobservationではないですか」というわけです。彼は心理学者ではなく医者ですが。

8. アタッチメントの連続性

ボウルビィ（一九八八）はいったん発達したアタッチメント・パターンは持続する傾向があると述べています。その理由の一つは、両親の子どもの扱い方は、良くも悪しくも、変わらず持続する傾向にあるからで、もう一つの理由は、それぞれのパターンは、それ自体が永続する傾向にあるから、というのです。つまり、安定したアタッチメントを示す子どもは、不安定な子どもよりも、より応答性にすぐれ、要求の少ない子どもなので、楽しく養育でき、その結果、安定型の子どもの親たちは望ましい養育を容易に継続できる、というのです。一方、不安定でアンビバレントな子どもは、ぐずぐず言ったり、すがりついたりしがちだし、不安定で回避的な子どもは、人との距離を保ち、他児をいじめたりしがちなので、この不安定アタッチメントの子どもたちの行動は、その親たちから望ましくない反応を引き出しがちだ、というのです。このようにして悪循環が生じ、パターンの変更を困難にしているというのです。

メインら（Main & Cassidy 1988）の縦断研究でも、十二カ月時点でＳＳＰで査定し、六歳時点で彼女らが考案した、再会法（reunion procedure）――母親との一時間の分離の後の子どもの様子を分析する方法――で査定し、さらに、メインら（二〇〇五）は被験児が十九歳になった時点でもＡＡＩで査定しています。その結果、十二カ月時点でのパターン分類と六歳時点でまったく同じか、ほぼ同じアタッチメント・パターンを示していたのが八十四％に上ることを見出しました。そして、十二カ月時点でＤ型であった子どもは、六歳時点でＤ‐統制型の行動を示すことを予測できることも明らかにしました。このように、十二カ月時点で評定されたパターンが、五年後の六歳時点での母親との相互交渉のパターンをかなり予測できることが見出されています。

十二カ月時点で安定群であった子どもたちは、六歳時点での親とのかかわりは、リラックスして、友好的にかかわり、容易に、そして、しばしば巧みに両親と親密な関係をもち、自由で滞りのない会話を交わすのに対して、十二カ月時点でアンビバレント群と評価された子どもたちは、寂しさや恐れの感情と親密さが入り混じったような関わりをし、十二カ月時点で回避群であった子どもたちは、おとなしく、親との距離を置くようにする傾向があるというのです。彼らが交わす挨拶は形式的で短く、会話の主題は非個人的なものにとどまります。彼らは玩具遊びやその他の活動に忙しく、親のアドバイスを無視したり、拒否することもあります。十二カ月時点でＤ群であった子どもたちは、五年後の六歳時点では、親をコントロールしようとしたり、親より有利な立場に立とうとする顕著な傾向がみられます。会話は断片的で、始められても未完成のまま終わることも多いのです。さらに、十九歳時点でのＡＡＩでもかなり高い連続性を見出しています。つまり、ＳＳＰや六歳時点での査定で回避型であったものは十九歳でも拒絶型（回避型）になる傾向が強く、また、六歳時点でDタイプであった子どもたちのほとんどすべてがＡＡＩでは不安定型になっていました。このように、かなりの連続性が見られてはいますが、メインら（Main, et al. 2005）は、アタッチメントについて、単純な時間的安定性ではなく、むしろ異なった形態の予測可能性を考える必要があると述べています。

プライアらは、この考えに対して、アタッチメントの長期にわたるいろいろな発達経路について、理解をより進展させるうえで、優れた視点を提供していると賛意を表した上で、メインらの異なった経路についての説明を紹介しています。メインらの説明は以下のようなものです。安定型の人は、環境に応じて、アタッチメントと探索とに柔軟に注意を向けることができます。それに対して、回避型の人はそうした柔軟性がなく、かたくなに探索に注意を向けて、アタッチメントから注意をそらします。アンビバレント・とらわれ型の人は、同様に柔軟性がないのですが、注意の方向は回避型とは別で、アタッチメントに向いています。非体制型・未解決の人は、アタッチメントや探索に関して、一貫したスキーマを構成することが難しくなる、というものです。このようなそれぞれの経路がどれほど持続しているか、あるいはどのような条件で変化するのかという観点からの考察が必要であることを強調しているようです（Prior, V. and Glaser, D. 2006）。

ウォーターズ（Waters 2000）らの継続研究では、十二カ月時点でのＳＳＰと同一個人の二十年後、つまり二十一歳時点でのＡＡＩにおける一致率をみています。対象は五十名で、Ａ、Ｂ、Ｃの三分類では、六十四％、安定、不安定の二分類では七十二％となっています。この研究においても、重大なライフイベントに遭遇したケースを除くと、三分類での一致率が七十八％に高まることから、ボウルビィが指摘しているように、親の養育態度や親子関係の質が変化しにくいことに支えられていると考えられます。これはアメリカの中流階級をサンプルにした研究です。

その他、フラリー（Fraley 2002）のメタ分析では、アマニーニ（Ammanini 1994）や、ヤコブセン（Jacobsen 1997）らの十二カ月児と六歳児の連続性を検討した研究で比較的高い連続性を示していました。総じて、十二カ月と六歳では r=0.67 という高い相関を示していましたが、十二カ月時点と十六歳から二十一歳までの時点での連続性を検討した五つの研究の研究結果は一定しておらず、総合した相関係数も r=0.27 と高いものではなく、とくにハイリスクサンプルを含んだものは連続性が低くなる傾向がみられています。

ハイリスクのサンプルを用いたミネソタ縦断研究（Weinfeld, et al. 2004）では、乳幼児期から参加し、十九歳時点でＡＡＩを実施することができた一二五名について分析しています。その結果、乳幼児期に体制型（Ａ、Ｂ、Ｃ）であった人の七十三％は青年期では不安定型に分類されました。参加者は乳幼児期と十九歳のデータから、安定‐安定（十五名）、安定‐不安定（三十五名）、不安定‐不安定（五十六名）、不安定‐安定（十九名）の四群に分けられました。そして、四群を比較した結果、①安定‐安定群は安定‐不安定群に比べて、生活上の強いストレスを経験した時期が有意に少なかった、②安定‐安定群は安定‐不安定群よりも、青年期前期（十三歳）においてよりよい家族機能を経験していた、③不安定‐不安定群は不安定‐安定群よりも早期において虐待を経験していることが有意に高かった、④不安定 - 安定群のほうが不安定 - 不安定群よりも、六歳のとき、より安全でより刺激的な家庭環境を与えられていた、ということがわかりました。

ハイリスクのサンプルを用いたこのような研究結果は、愛着の連続性はほとんど見られず、著者たちが「愛着関係は力動的に進化し続けた」と言っているように、これらの子どもたちにとって、愛着が非連続であることこそが一貫性のあることで、このことは、愛着が適応的で、文脈に敏感で、人との関係性に深く関連しているという性質をもっていることを示唆しているというのです（Prior, V. and Glaser, D. 2006）。

木部　「愛着は変わらない」と言いながら、「変わるのも愛着の特徴である」というのも面白いですね。要するに「愛着のスタイルを変えることによってその場に適応している」という言い方になるんでしょうが、そう考えると、愛着のスタイルというのは環境との関係性の中に起きてきているということですよね。

繁多　そう、それはボウルビィが初めから何回も言っていることです。アタッチメントがつくかどうかは本能だけれども、どんな種類のアタッチメントになるかは環境次第だというわけです。気質などということはボウルビィはほとんど言いませんね。

木部　本能とは言っているけれど、外との関係のなかでアタッチメントスタイルが出来ていくということか。特にハイリスクはそうですよね。アタッチメントが変わらないというのは、ある一定の大きな逆境とか、そういうものがないと変わらないということですよね。

繁多　そうそう。B型の子どもってかわいいでしょ。だから親も苦労しないで育てるから、親子関係がずっといい方向で行くのですが、C型やA型だといろいろ難しいので、親子の間にコンフリクトが起きることが多い。ボウルビィは悪循環と言っています。

9. アタッチメントの世代間伝達

虐待の世代間伝達

このようなアタッチメントの持続性、連続性の問題と関連して、アタッチメントの質が親から子へと受け継がれるのかという、世代間伝達の可能性についても関心がもたれてきました。世代間伝達については、子ども時代に親から虐待された経験のある人が親になったとき、また子どもを虐待する可能性が高いという、いわゆる虐待の世代間伝達が早くから注目されてきていました。それと同じように、アタッチメントにも世代間伝達があるのかということに関心が注がれました。AAIが当初母親を対象に資料が集められたこと、また、縦断研究の過程で開発されていったということを考えても、子どものSSPと親のAAIの結果との関連を検討したいという気持ちが、研究者たちに強くあったことは間違いありません。そのSSPとAAIとの関連ですが、十三サンプル、六六一組の親子を対象にしたアイゼンドーン（一九九五）のメタ分析の結果は、安定‐不安定の二分類では七十四％、A、B、CとDs、F、Eの三分類では七十％、DとUを加えた四分類では六十三％の一致が見られています。

このようなことはボウルビィのアタッチメント理論では当初から仮定していたことです。彼は、母親の自分の赤ん坊に対する感情や行動は、その母親の過去の個人的体験、とくに自分の親ともった、あるいは今ももち続けている体験に大きく影響される、と述べ、不幸な子ども時代を送った女性は、幸福な子ども時代を送った母親たちに比べて、自分の赤ん坊と関わりをもつことが少ないという確固とした証拠があると述べています。そして、その時期は、赤ん坊の人生の中で、ほとんど母親によって相互作用の量が決まってしまう時期なのです。

ボウルビィ（一九八八）はロンドンでの研究で、十一歳以前に片親か両親と別離した経験がある女性は、より安定した子ども時代を過ごした女性に比べて、第一子が生後五カ月の時点で、有意に少ない相互作用しかもたないことを示した研究を紹介しています。これは比較行動学者たちが観察を通して行ったものです。崩壊家庭出身の母親は、そうでない母親に比べて、赤ん坊の視界外にいることが二倍ほどあったというだけでなく、自分の赤ん坊といるときでさえも、抱いている時間も、眼を合わせている時間も、話しかけている時間も、普通の母親と比較して、有意に少なかったというのです。さらに、「赤ん坊を一人の人間として見られるようになるのには、少し時間がかかるものですが、今どのように感じていますか？」という質問に対しては、「一人の人間として見ている」と答える人が崩壊家庭出身の母親には非常に少なかったというのです。この研究が明瞭に示していることは、不幸な子ども時代を送った女性は、幸福な子ども時代を送った母親たちに比べて、自分の赤ん坊とかかわりを持つことが少ないという確固とした証拠を提供している、ということをボウルビィは強調しているのです。「アタッチメントを形成するのは、日常のごく普通の相互作用である」ということを強調しているボウルビィにとって、崩壊家庭出身の母親たちは、多くの場合、自分の親との間に健全なアタッチメントを持つことができず、そのことが、自分が母親になったとき、自分の赤ちゃんとのスムーズな相互作用もできず、また、赤ん坊を一人の人間として見ることも困難なために、赤ん坊との間に健全なアタッチメント関係を結ぶことができず、そのために子どもに健全ではないアタッチメントを伝達してしまう、というのです。

ボウルビィ（一九八八）はまた、子ども時代に身体的な虐待を経験した人が親になった場合についても考察しています。虐待をする母親についてほとんどの研究者が、これらの女性のほとんどがきわめて悲惨な子ども時代を過ごしていて、基本的に母性的養育を剝奪されていたと考えているというのです。アタッチメント理論によってこの問題を考えようとする人は、これらの女性は長期の、あるいは度重なる分離や、「見捨ててしまう」という脅しを繰り返された経験を持っていて、極度に不安をともなうアタッチメントを形成していたことがこれらの女性の共通した特徴ではないかと考えています。親から見捨てられるという脅しを繰り返し受けることは、実際に分離を経験するのと同じくらい、あるいはそれ以上に病因となりうるというのです（Bowlby 1973）。正常に生まれた子どもが、母親と発達させていくアタッチメントのパターンは、母親がどのように子どもを扱ったかによることは明らかです。虐待されている子どもが、虐待する母親に安定型のアタッチメントを形成する可能性は皆無といってもよいでしょう。メインとソロモン（一九九〇）による分類では、虐待する親からDタイプの子どもが出現する割合は七十七%というきわめて高い結果が出ています（Proir, V. and Glaser, D. 2006）。

世代間伝達とメンタライゼーション

この世代間伝達については、次に詳しく述べるメンタライゼーションも関与しているとフォナギーと共同研究者たちの研究プログラム（Fonagy, et al. 1994, 1995; Steel et al. 1996）は主張しています。彼らは第一子を妊娠中の母親九十六人に対してＡＡＩを実施して、安定型の母親の子どもは十二カ月時点でのＳＳＰで安定型になることが予測できたというのです。この関係は、その後に行った父親・乳児の関係でも同じように見られ、また、これらの発見は、他の研究チームが追試した場合も一貫して再現されたのです（Benoit & Parker 1994; IJzendoorn 1995; Ward & Carlson 1995）。このようなことから、フォナギーと共同研究者たちはアタッチメントの安定性は、アタッチメントの安定している母親のメンタライジング能力によって伝達される部分があると主張したのです。

スレイドと共同研究者たち（Slade 2005; Slade et al. 2005）はさらに進んで、フォナギーたちの世代間伝達モデルを次のような手続きで検証しました。つまり、母親が妊娠中に母親自身の愛着の安定性をＡＡＩで査定し、乳児が十カ月のときに、母親の子どもに対するメンタライジング能力を査定するために九十分間の「親発達面接」を行いました。それは、乳児の感情についての母親の知覚、乳児から離れることについての母親の考えや感情、親としての自分自身についての見解、自分自身の親との経験が自分の育児にどう影響したかについての見解、といった事項を網羅したものでした。そして子どもが十四カ月になったとき、子どものアタッチメントパターンを査定したのです。その結果、母親の自分の母親に対する愛着の安定性と母親のその愛着（母親自身の母子関係）に関するメンタライジング能力との間に強い関連があることが確認され、それに加えて、母親が自分の親との関係で示す愛着の安定性は、母親が自分の子どもに関してメンタライズする際の能力を予測するものであったし、その母親のメンタライジング能力はその子どもの愛着の安定性を予測するものであったのです。最終的に彼らが見出した証拠は、妊娠中に測定された母親の成人期愛着の安定性と、彼女の子どもの生後十四カ月時点での愛着の安定性との結びつきは、その母親のメンタライジング能力に媒介されたものだということです。一方、愛着は、子どもに対する行動的かかわりと関連して発達するものでもある、という観点から、メインズと共同研究者たち（Meins 1997; Meins, et al. 2001; Arnot & Meins 2007）は子どもが生まれる前に、母親と父親の自分自身の親に対する愛着の安定性と、自分の幼年期の愛着体験についてメンタライズする能力について査定しました。それに加えて、母親、父親のそれぞれが、自由遊びの場面で、生後六カ月のわが子に行った心理‐志向的コメントの査定を行いました。心理‐志向的コメントというのは、母親が子どもを心的主体として認識すること、および、発言中に乳児の精神状態を表す言葉を使用する傾向性を指しています。たとえば、「考えているの？」「私をからかっているのね」といった発言。そして、子ど

親の愛着の安定性⇔親のメンタライジング能力
↓
乳児との心理 - 志向的相互交流
↓
乳児の安定した愛着
↓
幼年期のメンタライジング能力の向上

図 2　安定した愛着とメンタライジングの世代間伝達（Allen, et al. 2008）

もが十二カ月になったとき、母親、父親それぞれに示す愛着を査定しました。その結果、①親の自分の親に対する愛着の安定性は、それらの愛着に関するメンタライジング能力と正の関連を示していた。②愛着の安定性もメンタライジング能力も、生後六カ月時点での子どもに対する心理 - 志向的コメントと関連していた。③心理 - 志向的コメントは、生後十二カ月時点での子どもの愛着の安定性を予測するものであった。つまり、親の安定した愛着は、親の心理 - 志向性の高さを媒介として、子どもの親への愛着の安定性につながり（図２）、そして、親の不安定な愛着は、親の心理 - 志向性の低さを媒介として乳児の不安定な愛着につながっていたということです（図３）。

　ここでいう心理 - 志向性とは、先に述べたように「母親が子どもを心的主体（mental agent）として認識していること、および、発言中に子どもの精神状態を表す用語を使用する傾向性」を指しています。そして、具体的には、生後六カ月の乳児との遊び場面において、乳児の行動に対する、母親のコメントに、乳児の心と関連したコメントがどれくらいあったか、しかもそれはその瞬間の乳児の行動に適合した（つまり随伴的応答を伴う）ものであったかで測定されるものです。

親の愛着の不安定性⇔親のメンタライジング能力の機能不全
↓
乳児との非メンタライジング的相互交流
↓
乳児の愛着の不安定性
↓
幼児期のメンタライジング能力の機能不全

図 3　不安定な愛着と親のメンタライジングの機能不全の世代間伝達（Allen, et al. 2008）

木部　親のメンタライジング能力というのはどういうことを示しているんでしょうか。

繁多　ＡＡＩを実施していて思うんですが、やはり安定した人というのは、質問を受けながらも、自分のライフストーリーを思い返しているんですよ。「ああ、あのときの母親は、こんな気持ちでこんなことを言ったんですね」と、振り返りながら言うんですよ。すごく親子関係を、自分の気持ちと相手の気持ちを考慮に入れながら、理解しているというのを、ＡＡＩの中で、メンタライジング能力の高いお母さんと言っているようです。簡単に言えば、ＡＡＩの中で安定型に入る人はみんなメンタライジング能力が高いんですよ。Ａ群（回避型）になる人は、「優しい母親だったです」と言うので、「優しい、というのは、たとえばどんなことがありましたか」と聞くと、「いやあ、それはちょっと覚えてないですね」となります。だから回避群の人たちは三十分で終わってしまうんです（笑）。逆にＣ群の人たちは二時間かかるわけですよ。聞いてたらいくらでも親の悪口は言うし、親のそばから離れられなくてすぐそばにアパートを借りたりしながら、親の悪口ばかり言っているようなことになる。

……

木部　三十越えて親の悪口を言っているのは病気ですよね。

繁多　メンタライジング能力の高い人は、ＡＡＩでは安定型になると思います。

……

10．メンタライゼーション

母親の感受性とアタッチメント

ボウルビィ（一九八八）は「研究がなされればなされるほど、健康で、幸福で、自立した青少年は、両親が子どもに多くの時間をかけ、よく気を配る安定した家庭で育まれてきたことが証明されてきた」と述べ、そして「アタッチメント行動の臨床的にもっとも大切で、それにかかわる個人の年齢に関係のない特徴は、その行動に伴う情緒の強さと、アタッチメントをもつ個人とアタッチメント対象との間の、どのような関係が成り立っているかによって決まってくる情緒の種類である。もしうまくいっているなら、喜びと安心感がある。もし、脅かされているのなら、嫉妬、不安、そして怒りがある。もし関係が壊れてしまっているなら、悲嘆と抑うつがある。最後に、アタッチメント行動がいかにその個人のうちに成立するかは、その子どもの親がもとの家族のなかで経験したことによるという有力な証拠がある」として、親の養育行動が子どもにどのようなアタッチメントを形成させるかの重要な要因であることと世代間伝達の可能性を再三強調してきました。

ボウルビィの同僚であるエインスワース（一九七八）も「〇歳のときに子どもからの信号に母親

が敏感に反応した場合は、敏感でない母親の子どもに比べて、一歳台で泣くことが少ないばかりか、親の要望により従おうとする。私たちは次のことを結論してよい。人間の子どもは、他の動物の子どもと同じく、社会的な協力方法を発達させるようにあらかじめプログラムされている。そして、それを実行するか否かは、かなりの程度子どもがどのように扱われるかにかかわってくる」と述べています。そして、母親感受性尺度（Maternal Sensitivity Scales, 1969）を考案しています。

尺度1：赤ちゃんの信号に対する感受性の高さ／低さ……(a)乳児の信号に対する母親の気づき、(b)それらの正確な解釈、(c)それらへの適切な応答、(d)それらへの迅速な応答、この四つを総合して九点＝感受性が非常に高い、から一点＝感受性が非常に低い、まで九段階で評定されます。

尺度2：赤ちゃんのしている行動への協調／干渉……これは(a)赤ちゃんのしている活動に実際に物理的に干渉する程度、(b)実際に中断した頻度から、九点＝顕著に協調的から、一点＝非常に干渉的、までの九段階評定。

尺度3：受容／拒否……この尺度は(a)赤ちゃんについての母親の肯定的感情と否定的感情のバランス、(b)母親自身の葛藤的な感情を解決することができている程度で評定。非常に拒絶的な母親は、しばしば赤ちゃんに対して怒り、憤慨しています。そして、赤ちゃんが自分の人生に不当な邪魔をしていると言ってこぼします。

尺度4：接近可能性／無視……この尺度は、母親が家にいるときに子どもが母親に対して心理的にどのくらい接近できると感じているかに関わっています。接近可能な母親は他のことで注意しなければならないことがあっても、赤ちゃんの信号やコミュニケーションに気を配ることができるようにみえます（Prior, V. and Glaser, D. 2006より）。

アタッチメント理論を構築したボウルビィの前記のような考えにもとづいて、アタッチメント研究は、子どものアタッチメントのパターンと親の養育態度との関連を求める研究を積み重ねてきたという歴史があります。そのなかで中心的な概念は母親の「感受性」という概念でした。上記のようなエインスワースの尺度もよく使われましたし、さまざまな形で親の養育態度が測定され、アタッチメントのパターンとの関連で検討されました。その結果は、この項の冒頭でボウルビィの言葉として示したように、望ましい養育と安定した愛着が深く結びついていたことは疑う余地がありません。しかし、子どものアタッチメントの安定性に影響する感受性の内容というのはそれほど明瞭にされてきたわけではありませんでした。

「心の理論」とメンタライゼーション

フォナギーが提起したメンタライゼーションという概念は、エインスワースがいみじくも「安定した愛着」と結びつけた「敏感な応答性」の、その敏感に応答する養育の中核を示しているようです。まさに感受性の概念をより明瞭に説明することができる概念といえるでしょう。メンタライゼーションとは、自分自身や他者の気持ちのなかに起きていること、情緒や感情、意図、葛藤などにしっかり気づき、概念化する心的機能のことです（木部　二〇一六）。これは「心の理論」

の概念を基本的モデルにして、フォナギーが一九九〇年代に提出した概念です（Bateman, A. and Fonagy, P. 2004）。アレンら（Allen, et al. 2008）は、メンタライゼーションという名詞より、メンタライジングという動詞をより好んで使うようにしていると述べ、それは動詞のほうがより活動的な印象を受けるからだと言っています。そして、メンタライジングの簡便な定義として、①心で心を思うこと、②自己と他者の精神状態に注意をむけること、③誤解を理解すること、④自分自身をその外側からながめること、他者を内側から眺めること、⑤（〜に）精神的性質を付与すること、あるいは、（〜を）精神的に洗練させること、などをあげています。このメンタライゼーションの特筆すべきことは、他者の基本的な心的状態や意図だけでなく、自分自身のそれらについても考えることで、乳児と母親との関係でいえば、「母親が自分自身の心の状態にも注意を向けながら、乳児を心を持った存在として、意図や気持ちや望みを備えた人間として、思い描く能力」がメンタライジング能力ということのようです。

木部　そうなんですよ。「心の理論」というのは、他者の気持ちがわかるという話ですよね。だけど、実は「他者の気持ちがわかる」と言う前に、自分で自分の気持ちがわからなかったら他者の気持ちなどわからないんです。つまりワーキングモデルの中にある「他者への信頼」と「自分自身への信頼」ということを言っているんだと思います。

フォナギー（一九九一、一九九七）は、前項でも示しましたように、メンタライジング能力は安

定型のアタッチメントによって大いに促進された発達的達成であるということを主張しています。そのことは後で述べる安定型アタッチメントの子どもたちの心の理論における誤信念課題の成績がよいことでも証明されているというのです。フォナギーら（一九九八）は自分自身や他者のメンタリスティックな解釈戦略をメンタライゼーションのリフレクティブ機能（内省機能）として適用する能力、いわゆるメンタライジング能力を、操作的に捉える試みをしています。そのリフレクティブ機能はＡＡＩの得点データベースによって評価され、計測されます。ここで見ているのは、ＡＡＩでの語りの中で、自分の精神状態の本質に気づいているか、行動の奥底に横たわる精神状態を少しずつ引き出そうとする努力がみられるか、精神状態の発達的側面についての認識があるか、質問者に対し、精神状態に関する気づきの表示がどれほどあるか、といったことです。

……

木部　メンタライゼーションというのは自我機能みたいなもので、機能がいくつもあるから、そのうちの一つが内省機能であるというふうに言っているんだと思います。

……

このようにして子どもが生まれる前にＡＡＩを用いて両親を評価してみたところ、このリフレクティブ得点とその後生まれてきた子どものＳＳＰでの安定性との間には強い連関が見出されたのです。さらに同じ標本で、彼らが見出したのは、母親が自分の幼少期の重要な剥奪について自主的に報告するような例では、とりわけこの母親のリフレクティブ機能が子どもの母親への安定型アタッチメントを予測させるものだったということです。このように、多数のエビデンスがメンタライゼーションとアタッチメントとをつなげているというのです。そして、子どもの精神状態への気づきが、安定型アタッチメントの重要な予測因子であるように思われると述べ、そのエビデンスとして、スレイドら（Slade, et al. 1999）の研究を紹介しています。この研究は、前項で述べたように、アタッチメントの安定性の世代間伝達という問題に関しても、重要な鍵を提供しているというのです。彼女らが示したのは、ＡＡＩにおいて自律型（安定型）の母親は、アタッチメント軽視型（回避型）やとらわれ型の母親よりも、幼児との関係をより首尾一貫したやりかたで表象し、その関係のなかでより多くの喜びや楽しさを伝えるということでした。

親のリフレクティブ機能と子どものアタッチメントの安定性

いまだ志向性をもたない乳児に対して、志向姿勢の立場をとる親の能力、すなわち乳児と自分の精神状態に関する乳児および自分自身のこころの中の思考や気持ち、そして欲望の点から乳児について考える親の能力（メンタライジング能力）は、アタッチメント伝達の鍵となる媒介物であり、養育者の感受性の影響に関する古典的観察所見（エインスワースらによる感受性尺度を用いた研究結果を指しているものと思われます）を説明するものであるというのです。ＡＡＩにおいて自分自身や自分の養育者の精神状態を内省し、推察する能力が高い人びとの子どもは、彼らに対して安定型のアタッチメントを抱くことが多い、という数々の所見を、フォナギーら（二〇〇二）は子どもの自己発達を育む親の能力とつながりがあるものとしています。親のリフレクティブ機能（メンタライジング能力）と子どものアタッチメントの安定性との関連は、先にも触れましたが、母親の生活史が逆境に満ちたものである場合にもっとも強まるというのです。外傷や逆境の世代間伝達の起こりやすさは、自分の生活史に関する自分自身や他者の思考や気持ちをメンタライジングする母親の能力によって減じられるということなのです。一般に、親自身の幼少期においてひどい扱いを受けた経験が、親になったときの児童虐待の重要な危険因子の一つとして、認識されていることは明らかですけれども、不可避的にそうなるものでもないということです。ある研究では、虐待の悪循環に歯止めをかけることができた十名の母親は、自らの過去の虐待について、首尾一貫した、意味のある、統合された様式で語る能力に秀でており、自分自身の子どもの養育スタイルについてメンタライジングできるという点で、虐待の悪循環に歯止めをかけられなかった十四名の母親たちと異なっていたというのです（Egeland and Susman-Stillman 1996）。

また、スレイドたち（Slade, et al. 1999, 2001）の一連の研究が示してきたのは、ＡＡＩにおいて高いリフレクティブ機能をもつ母親は、親発達面接（親が自分の子どもについてもつ表象を探索する面接［Aber, et al. 1985］）においても高いリフレクティブ機能を持っていて、そうした母親の子どもは安定型のアタッチメントを示すということです。メンタライズしながらの養育が乳児のアタッチメントに安定性をもたらすという仮説に対するさらなる証拠は、メインズら（二〇〇一）によってもなされています。彼女らは六カ月児とやりとりする母親の会話の内容を分析し、母親が乳児の精神状態（知識、欲望、思考、興味）について行った発言、乳児の情緒的関与についての発言（たとえば、乳児が退屈しているという主張）、乳児の精神過程についての発言（「考えごとしているの？」）、あるいは母親の精神状態を操作するために乳児が考えているかもしれないことを、母親が乳児の立場から理解しようとする発言（「お母さんをからかっているのね」）などの数をコード化しました。その場合、独立した査定者が、母親が乳児の精神状態を正しく読み取っていると一致して認めた場合に、発言は適切なものとしてコード化されました。そうした「こころに関する適切な発言」の割合は、六カ月後の子どものアタッチメントの安定性と非常に有意な関連があり、母親の感受性についての伝統的計測法（エインスワースの感受性尺度）と比較したときに、予測因子としての有用度は有意に高かったのです。さらに、ミュージクら（Muzik & Rosenblum, 2003）の研究は、百組の七カ月児とその母親を対象にしたもので、母親の語りは「子どものワーキングモデルインタビュー」（Zeanah and Benoit 1995）によって測定されました。母親の行動は、自由活動と構造化された教示課題の間の母・乳児相互作用を観察することにより評価されました。その結果、安定型のアタッチメントの世代間伝達は通常、母親の高いメンタライジング能力を通じて達成されることが判明したのです（世代間伝達の章参照）。その能力は過去のアタッチメント関係に関連していて、母親自身がもつ過去の健全なアタッチメント関係は、乳児の表象の点からも、要求された課題の間に乳児との間で交わされる心に気を配った会話の点からも、乳児に関する母親のメンタライゼーション能力を増強することが示されたのです。

乳児期のアタッチメントの安定性と早期幼児期の早熟なメンタライゼーション能力との間にも明らかなつながりがありました。七十八名の子どもを対象にした中期幼児期のアタッチメントの安定性と心の理論の成績との間に〇・五一という高い相関がみられています（Target, et al. in press）。このようなことから、心の理論の土台である鍵となる心理的能力の発達は、アタッチメント関係を基礎としているのかもしれないといえそうです。

このようにみてきますと、子どもがどのようなアタッチメントのパターンを形成するかというきわめて重要な問題にも、また、先に示したように安定型の世代間伝達にもこのメンタライゼーションという概念が大きく関連しているばかりでなく、これまで親の養育態度において重要視されていた「感受性」「敏感性」に代わる概念として、これからより一層重視されるようになることでしょう。また、これまで、アタッチメントの発達に重要な母子の相互作用として、スターン（一九八五）の「アチューンメント」が重視されてきました。アチューンメントも相手の情緒状態を読み取り、それに同期させていくという点で、メンタライゼーションの一側面なのかもしれませんが、メンタライゼーションは子どもの情緒ばかりでなく、意図、知識、欲望、思考、葛藤などについても、また自分自身の精神状態と照らし合わせながら子どもの心的状態について気づき、そして概念化していく、というのですから、より高度な心の働きをさしている概念ということが言えそうです。

木部　メンタライゼーションもＡＡＩなしには語れないということですね。

繁多 メンタライジング能力をもうちょっと簡便に測る方法が開発されればいいなあと思います。

木部 ところで、愛着のスタイルを決める一番大きな要因は、母親の感受性ということですか。

繁多 エインスワースは今までそう言ってきました。エインスワースはSSPを作るときに、子どもたちを観察しながらお母さんも観察していたわけです。一番関係していたのはその「感受性」だったということがあって、一九七八年にSSPを発表した時には、そのパターンにくっついている要因もある程度出しているわけです。それまで積み上げてきたデータに基づいて、安定型に入った子どもは生まれて三カ月間とか一歳になる前の三カ月間をみてみると、非常に感受性が高い親に育てられていたと言っている。それで感受性尺度を作ったわけです。

木部 結局、育児困難に陥る母親というのは、アレキシサイミア（失感情症）なんですよね。自分の感情がよくわからない。でもそういう人たちは、子どもがしゃべるようになると事態が改善するんです。しゃべるようになると、「こうして、ああして」と意志を言ってくれますよね。あとは身振り手振りがちゃんとしていれば誰がみてもわかる。でも、一歳未満の赤ん坊だと何を言っているかわからない。

繁多 推測することが下手なわけですね。

木部 そう。だからアレキシサイミアというのは感受性の逆であると言えます。トロントアレキシサイミアスケールというのがあって、二十項目くらいしかないんですが、これは非常にいろんな予後がよくわかります。たとえば高校で不登校になる子は、みんなアレキシサイミアのスケールが高い。みんなやったらいいと思いますよ。

アレキシサイミアは同時にＡＳＤともかぶってしまうんです。自分の感情がわからないから人の感情もわからない。アレキシサイミアの質問紙とＡＱＪ（自閉症スペクトラム指数日本語版）をやると、七十パーセントくらいが両方ともハイスコアになります。だから感受性の逆で、生得的な鈍さがあるのかもしれない。

11. アタッチメントの発達に影響する要因

A・B・C・Dの先行要因

ボウルビィ（一九八八）は「研究がなされればなされるほど、健康で、幸福で、自立した青少年は、両親が子どもに多くの時間をかけ、よく気を配る安定した家庭で育まれたということが証明されてきた」と述べ、終始一貫して子どもの安定したアタッチメントの形成には親の養育態度が大きく関わっていることを強調しています。エインスワースも同様で、SSPでの子どものパターンと家庭で子どもと関わる母親の行動との関連を見たのが、この種の研究の先駆けといえるでしょう。エインスワースら（一九七八）はストレンジ・シチュエーションに子どもを入れるまでの一年間の家庭における母親行動を、泣きに対する応答、分離・再会に関連する行動、身体的接触に関する行動、食事に関する行動、それに一般的特徴などの面から分類しました。一般的特徴に関する六つの測度のうち四つは先に示した母親感受性尺度として知られている感受性‐非感受性、受容‐拒否、協力‐競合、接近可能性‐無視、の四尺度です。

その結果、A群とC群の母親はB群の母親に比べて、子どもの泣きに非応答的であること、C群の母親はＢ群の母親よりも身体的に密着しているときの子どもの扱いが下手であること、とくにＡ群の母親は子どもとの身体的接触に嫌悪感を持っていることなどが認められましたが、三群の間で最も大きな差を示したのは、母親の一般的特徴で、Ａ群とＣ群の乳児の母親は、Ｂ群の乳児の母親に比べて、有意に感受性に乏しく、拒絶的で、干渉的で、無視することが多い、という結果を示していました。そのような結果から、エインスワースらは、母親行動の中で最も重要な側面は、乳児のサインやコミュニケーションに対する感受性に富んだ応答性であると結論づけました。その後、母親のリフレクティブ機能（自己や他者の精神状態の本質に気づく内省機能）と乳児のパターン分類との間に関連があることが見出され（Fonagy, et al. 1991）たことから、養育者の「乳児を心を持った存在として、意図や気持ちや望みを備えた人間として思い描く能力」（Fonagy, et al. 1994）が重視されるようになってきています（メンタライゼーション、および世代間伝達の章参照）。

Ｄ群の先行要因についても虐待をはじめ多くの報告があります。カールソン（Carlson 1998）はミネソタ縦断研究を通して、生後一年の間に①一人親家族であること、②母親が子育て困難の危険性をもつと判定されていること、③養育において感受性が低く、侵入的であること、④虐待やネグレクトがあること、などの要因を見出しています。また、アイゼンドーンら（van IJzendoorn, et al. 1999）のメタ分析では、虐待をする親一六五名の親の子の四十八％がＤ群に分類されています。虐待に関しては、もっと高い数値を示している報告も多数あり、虐待を中心に生育環境の劣悪さが指摘されています。

そのほか、母親自身が子どもの頃に経験したアタッチメントの質なども、世代間伝達（世代間伝達の章参照）という形で、子どものアタッチメントの発達に影響する要因の一つとして検討されていますし、あるいは、養育者側の要因ばかりでなく、子どもがもつ気質がどのように影響しているかも検討されています。

生まれたばかりの赤ん坊たちの行動にも、さまざまな個人差が見られます。泣いたり、ぐずったり、機嫌の悪いことが多い赤ん坊もいれば、機嫌よくすごすことの多い赤ん坊もいます。「あつかいにくい」気質をもった子どもは養育する側にとっては大きな問題ですが、「あつかいにくい」とどの程度感じるかは個々の母親によっても違いますので、一時、C群の子どもは生まれたときから「あつかいにくい」子どもであった、というような乱暴な意見が出されたこともありましたが、今日ではそのような見解は影を潜めています。むしろ、最近は気質と愛着の体制化との間には、直接的で決定的な関連はないという報告のほうが多いようです。社会経済的地位の低い母親と気質的にむずかりやすい乳児を対象とする介入研究では、母親の感受性を高めるように計画された介入と十二カ月時点での愛着分類との間に有意な関連性が認められ、気質がただちに愛着のパターンを決定するものではないことが示されています（van den Boom 1994, 1995）し、乳児の苦痛を感じやすい傾向や気質の特徴とストレンジ・シチュエーションでの愛着分類との間には有意な関連は認められなかった（Nachmias, et al. 1996）とする報告、さらに同姓の双子ペア一三八組を用いた研究（Bokhorst, et al. 2003）でも、気質の反応性と愛着の四分類の間には有意な関連性は認められなかったと報告するとともに、「現在の行動遺伝学的研究では、愛着の発達で環境的要因が決定的な役割をはたしていることを支持するたくさんの証拠が見出されています」と述べています。

研究結果に基づく検討

ここでは、筆者らが実際に行った研究を通して、アタッチメントの発達に影響を与えると思われる要因について検討していきたいと思います。

筆者らはだいぶ以前（一九八〇年代）になりますが、毎年、百名近い乳幼児とその両親を対象に、ストレンジ・シチュエーションやそれをモディファイした実験を七、八年続けていました。そして、実験に訪れてくださった母親には、必ず養育に関する質問紙調査をお願いしていました。なかなかA群、B群、C群という各パターンの先行要因と考えられる要因を特定できない状況、つまり、ある年のデータでは明確な相関関係が見られて、次の年に確認しようとすると、そのときには明確な相関が見られないということが続いていたのですが、唯一、毎年、同じように強い関連がみられたものがあります。それは非常にラフな質問で、あまり期待していたものではなかったのですが、「あなたは正直なところ、どんな気持ちで毎日子育てにあたっていますか・あなたの気持ちにもっともあてはまるものに〇印をつけてください」という設問に対して、

（ア）「子どもをもってよかったといつも思うほど、楽しくてしょうがない」

（イ）「たいていは楽しい気持ちで育てている」

（ウ）「楽しいと思うこともあるが、つまらないと思うこともある」

（エ）「つまらないと思うことが多く、楽しいと思うことはない」

という四つの選択肢が用意されているというものです。この四つのうち、最後の（エ）を選択する母親は一人もいませんでした。二番目の（イ）を選択する母親が一番多く、約七十％を占めていました。ついで（ア）と（ウ）がそれぞれ十五％ずつという結果でした。この結果と、子どものストレンジ・シチュエーションでの行動や群分けとの関連を見たところ、（ア）を選択した母親群と（イ）を選択した母親群の子どもたちのストレンジ・シチュエーションの行動には、有意差はまったく見られず、子どもたちのほとんどが安定群に入っていました（私どものデータでは安定群（B群）は八十％強で、（ア）と（イ）を合わせると八十五％ほどになりますので、全員ではありませんが）。この両群の子どもたちのほとんどが、ストレンジ・シチュエーションでは探索活動を活発に行い、分離時には悲しみのサインも示しますが、再会時には明確な歓迎行動を示す、という行動特徴を示していました。二歳児や三歳児でも良好な親子関係を示唆する行動を数多く示していました。

次に（ア）と（イ）につけた母親の子どもと、（ウ）を選択した母親の子どものストレンジ・シチュエーションでの行動を比較したところ、大きな差異がみられたのです。実験中に泣いていることが多かったり、母親との発声や視覚的定位での相互作用が少なく、母親を安全の基地とした探索活動も不活発で、そのほとんどがC群やA群に分類されているか、あるいは、二歳児や三歳児では群分けはしなかったのですが、したとすれば不安定群に分類される可能性の高い子どもたちだったのです。（イ）は「たいていは楽しい気持ちで育てている」というものですし、（ウ）は「楽しいと思うこともあるが、つまらないと思うときもある」というもので、そんなに差はないと思うのですが、子どもの行動には大きな差が生じているのはどうしてであろうかという疑問がつきまといました。

いろいろと考えた結果、これは推測にすぎませんが、三番目の（ウ）につけた人の本当の気持ちは最後の（エ）の「つまらないと思うことが多く、楽しいと思うことはほとんどない」というものだったのではないだろうかと推測してみました。質問紙調査にはどうしても〈社会的望ましさ〉の要因が入り込む余地があります。本当は「楽しいと思うことはほとんどない」のに、そうはなかなか書きにくいということで、ワンランク上にチェックしたとすれば、この結果は納得できるものです。

もしそうだとしたら、子どもと心から喜んで相互作用や世話をしていない母親たちということになります。多くのよき母親たちの心情は（イ）の「たいていは楽しい気持ちで育てている」というものだと思います。それで充分だと思いますが、義務として、やらなければならないからいやいやながらしているというのであれば、それは子どもに伝わり、不安をいだく可能性は十分にあるといってよいでしょう。母親に子育ては楽しくないと思わせる要因の一つに、母親自身が経験したアタッチメントというものもあるのでしょうが、この質問紙調査ではその検討はできていません。いずれにせよ、母親の具体的な養育行動ばかりでなく、子どもとかかわっているときの母親の気持ちも重要な要因ではないかと考えさせられる一件でした。あるいは、この結果は、子どもがすでにAやCの状態になっているから、子育てを楽しめない状態になっているとも考えられます。

木部　実証的、実践的で実感がこもっていますね。それと、昔の人だから「エ」につけないんでしょうね。謙虚さと言うか、『エ』につけちゃまずいんじゃないか」という気持ちが働く。今なら「エ」につける人はいっぱいいると思いますよ。

繁多　それは、ぼくたちがいるところで書いていますからね（笑）。「あのお母さん『エ』につけたよ」って思うでしょ。

木部　そうか、そこでSSPをやってアンケートをとってるわけだから、誰だかわかってますもんね。それは「エ」にはつけられませんね。

繁多　何百名もやって「エ」が一人もいないというのは、そういうことだと思います。それと、わざわざ来てくれる人たちではありますから、「子育てはつまらないけれど何とかしなきゃ」という気持ちはある人たちです。

12. アタッチメントの効用

養育者との健全なアタッチメントの形成は人間の正常な発達にとって本質的であるさまざまな領域の発達を促進すると考えられています。健全なアタッチメントがもたらす効用についてはたとえば、心の理論の誤信念課題での成績が安定型の子どもは不安定型の子どもより良い、というような形でこれまでにも触れてきましたし、反対に問題についても、Ｄタイプの子どもの予後がきわめて悪いという形で触れてはきましたが、ここで簡単にまとめてみることにします。

リヴィーら（Lavy & Orlans 2000）は、養育者との健全なアタッチメントから生じる付加的な恩恵として、次のようなものをあげています。

① 将来の人間関係において使用できる基本的信頼感と相互関係
② 感情や行動を自己制御するための能力
③ 自己価値や自律性の健全な感覚を含んだアイデンティティの形成
④ 共感、同情、良心といった一連の道徳的価値の確立
⑤ トラウマやストレスに抵抗するための臨機の才や弾力性の発達

⑥ 健全な脳の発達に必要な刺激的な相互作用の経験

一方、ラドニアら（Ladnier & Massanari 2000）は健全に発達しないアタッチメントがもたらす問題についても考察しています。健全に発達していないアタッチメントを愛着欠陥（attachment deficit）という概念でとらえて、①自己制御と②対人関係の二つの側面で大きな欠陥をもたらすとしています。自己制御の領域では、衝動統制、自己沈静、進取的精神、忍耐力、抑制などの面で、対人関係の領域では、共感性、信頼、愛情、相互性、表現、尊敬などの面で大きな損傷を受けるとしています。

また、彼らはＡＤＨＤのような発達障害もアタッチメントの問題として扱うことが可能だということを「絆の崩壊」→「愛着欠陥」→「ＡＤＨＤの徴候」という図式を示しながら説明しています。

彼らはＡＤＨＤと診断された五十名近くの子どもたちの生育歴を詳細に調べ、すべての子どもたちになんらかの絆の崩壊が二歳までに見られたということから、上記のような図式を導き出しているのです。崩壊の要因としては、乳児が必要としている養育的な相互作用をほとんどしないといった養育者側の要因、胎児期にストレスホルモンにおかされていて子どもに養育者を求めることがプログラムされていないといった子ども側の要因、あるいは、未熟児で誕生し、保育器に入っていたため長期間にわたって養育者との身体的接触がなされなかった、といったさまざまな要因によって絆の形成が妨げられ、絆の崩壊が生じたとき、先に述べたように、子どもは自己制御と対人関係の面で大きな欠陥をもつ愛着欠陥という状況に導かれることになるというのです。

自己制御の欠陥、対人関係技能の欠陥という愛着欠陥児の特性は、衝動性、多動性、不注意、貧困な自己イメージ、友達を作らない、反抗的で挑戦的、侵入的で破壊的、感情の行動化、否定的注目を求める、他者を操作する、といったＡＤＨＤ児の情緒的、行動的特徴とまさに一致しているので、ＡＤＨＤの徴候は愛着欠陥によってもたらされたものと考えられると彼らは主張しているのです。

……

木部　ここでいうところのＡＤＨＤというのは、診断を広くとれば、愛着障害の脱抑制型という話になりますね。

……

アタッチメントと脳の発達についても多くの指摘がなされています。ペリー（Perry 1995）は乳幼児の脳の発達について、まず脳幹が発達し、ついで中脳、辺縁系、皮質と発達していく過程において、情緒的反応や親密さやアタッチメントは子どもの中脳や辺縁系との相互作用の中で生じると述べています。脳のこれらの領域はアタッチメントが生じることで活性化される必要があるというのです。このような相互作用が生じる臨界期あるいは感受期は、子ども時代の初期で、年齢が進めば進むほどアタッチメントに対する受容性はより低くなると述べ、さらに、認知的手段を用いてアタッチメントを教えようとする試みは、大脳皮質が初期のアタッチメントの発達にとって重要ではないので成功しないだろうとも述べています。

ショア（Schore 1994）もペリーの結論は幅広い神経生理学的研究によって支持されているとし、初期のアタッチメント関係の性質は脳の重要な部分の神経学的発達に重要な影響を及ぼし、感情の発達や制御と密接に関わっていると述べています。ラドニアら（Ladnier & Massanari 2000）も、経験が形成される脳の回路の質や量、および組織化される方向性を決定すると述べ、人生の最初の三年間における養育者と子どもとの間の刺激的な相互作用の量と質は子どもの情緒的発達、学習可能性、成人してからの諸機能のレベルを決定するうえで最も大きな役割を演じると述べています。

13. 愛着障害について

愛着障害の診断基準

愛着障害の定義、診断、治療については、これまでにも「愛着障害とは何か」という形で議論されてきました。もちろん、これまで述べてきた不安定性愛着（A、C、D型）がすべて愛着障害というわけではありません。それでは愛着障害とはどのような障害なのでしょうか（ここではPrior, V. & Glaser, D. 2006、加藤和生監訳『愛着と愛着障害』北大路書房、二〇〇八を全面的に参照しながら論を進めていきます）。ICD‐10（疾病と関連衛生問題の国際統計問題の統計分類10版、WHO、一九九二）には二つの愛着障害が記載されています。反応性愛着障害（Reactive Attachment Disorder of Childhood：RAD）と脱抑制性愛着障害（Disinhibited Attachment Disorder of Childhood：DAD）の二つです。RADの先行因として虐待やネグレクト、RADもDADも仲間との対人的なやりとりが下手であること、情緒障害の恐れがあること、などの記述がつけ加えられていています。一方、DSM‐Ⅳ‐TR（精神疾患の診断統計マニュアル、4版、テキスト改訂、アメリカ精神医学会、二〇〇〇）では、反応性愛着障害（Reactive Attachment

Disorder of Infancy or Early Childhood）が記載されています。これには「ほとんどの文脈で、人との関係を形成すること（social relatedness）が著しく阻害（disturbed）されており、年齢不相応である」「この障害は発達遅滞だけでは説明できず、広汎性発達障害にも該当しない」「五歳前に発症する」「重篤なネグレクトをされたことが明らかである」「同定できるような、より好まれる愛着対象が存在しない（ようだ）」といった記載がついていて、抑制タイプと脱抑制タイプの二つの型を示しています。抑制タイプはＩＣＤ‐10の反応性愛着障害と類似していて、警戒心が強く社会的やり取りに困難を示すタイプで、脱抑制型はＩＣＤ‐10のＤＡＤとほぼ同じで、愛着対象の選択性が拡散したタイプです。ちなみに、ＤＳＭ‐５（二〇一三）では、従来の脱抑制型は反応性愛着障害から外され、「脱抑制型対人交流障害」という独立した障害として、「反応性愛着障害」（従来の抑制型に近いもの）とともに「心的外傷およびストレス因関連障害群」というカテゴリーの中で記述されています。

　これまで述べてきたＤＳＭとＩＣＤの定義では、明確には述べられていませんが、ＤＳＭの記載の中に「同定できるような、より好まれる愛着対象がいない（ようだ）」とあるように、弁別された愛着対象がいない場合の愛着障害でした。ジーナら（Zeanah and Boris 2000）は愛着障害はそればかりではないと主張していて、改定を加えながらもうひとつの基準を示しています（Boris, et al. 2004）。それには愛着障害の三つのカテゴリーが含まれていました。これらは愛着の発達研究と臨床経験に基づくものだというのです。

①　弁別された愛着対象をもっていない（Disorder of nonattachment）
②　安全基地の歪み（Secure base distortion）
③　混乱した愛着障害（Disrupted attachment disorder）

①はＤＳＭやＩＣＤに記述されているものと同じで、無愛着（Nonattachment）によるものと言ってよいでしょう。しかし、ジーナらは、このカテゴリーで、「障害とは子どもにとって治療が必要なくらい有害な行為をすること」と定義して、「早期に非常に過酷な養育経験を持っている」ことを要件としています。

②の安全基地の歪み、に関しては、愛着対象が存在することを前提にしています。これは愛着対象が存在しても、愛着障害は生じうるということを意味しますので、ＤＳＭとは対照的です。安全基地のゆがみ、というカテゴリーには、次の四つのタイプが含まれています。

(a)　自分自身を危険にさらすことをともなう愛着障害で、おそらくよく注目してくれている養育者の注意を引くためにするのだろうと推定されます。
(b)　抑制を伴う愛着障害：愛着対象やあまり見知らない大人がいるところで、探索をまったくせず、過度にまとわりつく。
(c)　強迫的な従順さを伴う愛着障害：過度な警戒や不安のある過度な従順さが愛着対象に向けられる。
(d)　役割逆転を伴う愛着障害：子どもが養育者を養育している。この障害は愛着障害面接

(Disturbance of Attachment Interview : DAI)(Smyke and Zeanah 1999)でとらえることができると言っています。

③の混乱した(disrupted)愛着障害は、主要な愛着対象から引き離されたときに生じる障害です。主要な愛着対象から引き離されたら、愛着対象の喪失ですから、ここで混乱することを障害と言ってよいのかどうか疑問が残ります。

日本では青木(二〇〇五、二〇〇六)が積極的に愛着障害の問題に取り組んでいます。青木ら(二〇〇五)は実際の症例を通して、診断基準の検討を行っていますが、愛着の障害が中核的な問題と考えられる症例においても、DSMの反応性愛着障害には該当せず、ジーナらの「安全基地の歪み:役割逆転」とか、「安全基地の歪み:自己を危険にさらす」などに診断されるケースがあることを見出しています(藤岡　二〇〇八)。

…………

木部　「安全基地の歪み」に該当する患者がよくいるというのはよくわかります。もっとひどい「弁別された愛着対象をもっていない」といった人たちは、ルーマニアの孤児たちのような、非常にシリアスな人たちしかいないんだろうと思います。

…………

愛着障害とSSP

いずれの診断基準を採用するにしても、愛着障害と診断された子どもがストレンジ・シチュエーションに入ったとき、その子どもたちはどのような行動をし、どのように査定されるのでしょうか。SSPは基本的には愛着対象と子どもとの関係を査定するものですので、「同定される特定の愛着対象が存在しない」という愛着障害の子どもはストレンジ・シチュエーションには入れないということなのでしょうか。しかし、「同定される特定の愛着対象が存在しない」ということは、施設児のように母親が現実に存在しないということだけでなく、実際には同居していても親が愛着対象になっていないというケースも含まれるとすると、愛着障害と診断されるべき子どもがSSPで査定されているケースが少なからずあるのではないかと思われます。

DSMにしても、ICDにしても、抑制性タイプの具体的行動についての記述では、「顔をそむけたまま近づく」「だっこされているとき目をそむける」（ICD）とか、「養育者が慰めたり、なだめたりするのに対して、接近、回避、抵抗という矛盾した行動をする」といった、まるでDタイプの子どもの行動特徴を示しているような記述をしています。そうなるとDタイプと愛着障害をどのように判別するのかという問題が残ります。しかも、両者ともに先行要因として虐待やネグレクトを想定しているのですから、ややこしい問題です。さらにジーナらの診断基準の「安全基地の歪み」の「役割逆転」もDタイプの六歳時点での行動特徴の一つにあげられているものです。このように考えてきますと「愛着障害とは何か？」という問題は今後に残されている問題と言ってよいのかもしれません。

木部　ボウルビィ自身は愛着障害について何か言っていないですよね。

繁多　ボウルビィ自身が愛着障害（Attachment Disorder）という言葉を使っているのは見たことがありません。

木部　ボウルビィが亡くなってから愛着障害ということが堂々と言われるようになったということでしょう。DSM-Ⅳが一九九四年ですからね。

14. アタッチメント研究の今後

メンタライジング能力の測定

前項で述べてきたメンタライゼーションという概念の導入は、アタッチメント研究に新しい風を吹き込んでいます。ボウルビィのアタッチメント理論が提出され、アタッチメントの形成過程やアタッチメントの発達段階が示されましたが、その発達段階も順調に事が進んだ場合の発達段階であること、さらにアタッチメントの発達にはさまざまな経路があるとボウルビィが指摘したこともあって、健全なアタッチメントが形成されるケースとそうではないケースがあるのではないか、という考えのもとに、さまざまなパターンを抽出することにも力がそそがれました。ＳＳＰやＡＡＩの登場がその成果です。このようにして安定型愛着と不安定型愛着の存在が明らかになると、今度は、その安定や不安定をもたらす要因の検討がなされるようになり、親の養育態度が検討され、その中で親の「感受性」が鍵を握る変数と見られていました。たとえば、先に述べたエインスワースの「母親感受性尺度」を用いて、エインスワースら（一九七八）が最初にＳＳＰに入れた一〇六名の子どもたちのパターン分類とこの感受性得点との関連を見ています。生後十二カ月でＳＳＰに入れるまでの三カ月間の家庭での観察記録からこの感受性得点を評定しました。その結果、安定群の中でも特に安定したアタッチメントといわれるＢ３群の母親たちが一番高く、ついで、他のＢ群が高く、Ｃ群とＡ群はかなり低い感受性得点を示していました。このような形でも、親の養育行動とアタッチメントを結ぶ証拠はこれまでも見出されてきたのではありますが、メンタライゼーションという概念を、さらに積極的に活用することによって、養育行動の心理的な部分の影響をより明確に把握することが可能になるのではないかと期待しています。そのためには、個人のメンタライジングの能力をどのように効果的に査定しうるかという問題があります。

これまでもいくつか工夫され、ＡＡＩの語りの分析であるとか、赤ちゃんへの語りかけの分析などを通して、メンタライジング能力を査定する試みがなされてきてはいますが、多くの人が、客観的に査定することができるような尺度の開発が望まれます。そのことによってメンタライジングとアタッチメントを結ぶものは、もっともっと強固なものになっていくでしょう。アタッチメントという概念は、人間が健全なパーソナリティを発達させていくうえで、どうしても必要なものとして提出された概念です。そういう意味では、人々が行う日常生活の中で、安定したアタッチメントが作り出される要因の検討を行うという課題は古くからあったばかりでなく、今日においても最重要な課題であるといえるでしょう。メンタライゼーションの問題は健全なアタッチメントを育てるための要因が、大きな可能性を持って登場したと考えられ、きわめてプラクティカルな問題ですので、効果の確認を深めると同時に、その査定方法の確立が急がれるところです。

予後の測定

アタッチメント理論は「ゆりかごから墓場まで」の理論といわれています。ゆりかごの方やその親世代の研究は活発になされ、一時、低調かと考えられていた児童期や青年期の研究も活発になってきましたが、これからは墓場の方にも目を向ける必要があるのではと思います。アタッチメントの連続性にしても、せいぜい検証されてきているのは、二十一歳ぐらいまでですので、その後の連続性についても検討する必要があるでしょう。また、SSPとAAIでは二十年もの時間が経過しています。連続性が途切れるケースではどの時点で途切れることが多いのかを知るうえでも、児童期、青年期の信頼できる尺度の開発が望まれます。

SSPでDタイプと査定された子どもたちの予後がきわめて悪いことは、多くの報告がなされている通りです。今日、Dタイプもいくつもの下位群にわけられていますが、予後が悪いとされているのは非体制‐不安定のタイプであると思われます。乳児期にDタイプに分類された幼稚園児は安定型に分類された子どもよりも仲間への敵対的、攻撃的行動が六倍も多かったという報告(Lyons-Ruth, et al. 1993)や、貧困で十代の母親の子どもの実に六十二％がDタイプに分類され、これらの子どもたちは二歳までに母親に対する敵対的・攻撃的行動を始めていたという報告(Hunn et al. 1991)もあります。さらには重篤なDタイプの子どもたちには動物虐待や火付けなども見られるといいます(Lavy & Orlans 2000)。動物を虐待する子どもが、大人になって暴力犯罪を犯す可能性は、そのようなことをしない子どもたちの五倍以上に達しているということを多くの研究が示しているというのです。深刻なＤタイプの子どもにとって、火は特別に魅力的なものだといいます。火は力を意味しますし、崩壊も意味します。怒りに満ちていて、力がないと感じている子どもたちにとって魅力的な性質をもっているのです。子どもの火付け行動は養育者に対する非常な当惑を示しています。火付けも単純な火遊びというものから、家に放火する深刻なものまでありますが、計画的な火付けであればあるほど、子どもの愛着障害もより深刻といえます。

このように、Ｄタイプの予後がきわめて深刻であることが明らかになっていながら、Ｄタイプの子どもたちに対する治療的な枠組みはできあがっているのでしょうか。愛着障害の治療はさまざまな形でなされていて、リヴィーらによる修復的愛着療法などはありますが、ＳＳＰでＤタイプと判明した時点で、直ちに対応できるような治療プログラムの開発が望まれます。それから、前節で問題にしたことですが、このＤタイプと愛着障害との関係をぜひ明確にしていかなければなりません。Ｄタイプすなわち愛着障害ではなく、愛着障害は「治療を必要とするもの」と定義したとしても、これだけＤタイプの予後が深刻であることが明らかになっているのですから、少なくとも八点や九点でＤタイプ（Ｄタイプについての章参照）に分類されている典型的なＤタイプは愛着障害として、判明した時点で何らかの介入がなされることが望まれます。ＳＳＰがそのようなスクリーニングテストの役割を果たせるようになればと願っています。

アタッチメント・パターンの連続性の検討

最後に、これは研究といえるかどうかはわかりませんが、ＳＳＰやＡＡＩで査定されるＡ、Ｂ、Ｃ、Ｄとか、Ds、Ｆ、Ｅ、Ｕといったパターンが意味するものはいったい何なのかという問題です。この再検討が必要であるということです。ＳＳＰでいうと、Ｄがまだない段階で、母子分離場面で苦痛を示すかどうかという点で、ＡとＢ、Ｃに分かれ、スムーズな再会ができるかどうかという点で、ＢとＣが区別されるため、安定群のＢをはさんでＡとＣを布置するという形で示されるようになりました。そして、これらのパターンはお互いに独立していて、連続性はないものと考えられてきたのです。いや連続性としては愛着行動の表出の程度で、最も表出しないＡ群から、適度に表出するＢ群、最も激しく表出するＣ群と並んでいますし、さらにＢの下位群のＢ１、Ｂ２はＡに近く、Ｂ４はＣに近いという連続性は想定していますが、それは行動上の連続性であって、ＳＳＰで実際に測定しているのは、子どものワーキングモデルのはずです。そのワーキングモデルには、先に示したように、自己についても親についても肯定的なものから否定的なものまであります。一歳の子どもがＳＳＰで示すＡ、Ｂ、Ｃ、Ｄという行動特徴は、一歳児たちがその時点でもっているワーキングモデルの肯定・否定の連続線上のどの位置にあるかを示しているものと思われます。

この点について筆者自身が体験したケースを紹介してみましょう。Ｔ君の十二カ月時点でのストレンジ・シチュエーションでの評定は完全なＡ群でした。母親と一緒にいるエピソードでは黙々と玩具で遊び、母親との相互交渉をとることはまったくありませんでした。母親との分離に泣くことはまったくなく、再会場面でも歓迎行動はまったくみられませんでした。最後のエピソード（再会エピソード）で母親が抱き上げようと近づくと、後ずさりして逃げたほどの、疑う余地のない典型的な回避タイプでした。その当時はD群はまだないときでしたが、現在ビデオテープで見ても、D群の徴候はまったくなく、私どもが実施した一〇五名の十二カ月児の中で最も典型的な回避型でした。スタッフ一同気になっていましたので翌年も呼んだのですが、都合で来ることができず、三歳の誕生日に、ストレンジ・シチュエーション法をモディファイして、父親も参加できる実験室的方法を実施したときに来てくれました。

一歳のときの暗い、笑みなどいっさい見せなかった様子を覚えていましたので、実験室に入る前から別人のような印象を受けていましたが、実験の結果も三歳児の行動として最も望ましいと私どもが想定していた行動を母親に対しても父親に対してもしていましたので、実験後、一歳から三歳までの二年間に、T君の生育環境に何か変化があったかと尋ねました。両親は口をそろえて、「ものすごく大きな変化がありました」と答え、次のような話をしてくれました。「Tが二歳になったころだと思います。この子は少し異常なのではないかと思いはじめました。喜怒哀楽をほとんど示しませんし、デパートなどにつれていっても必ず迷子になります。マイクで放送されて迎えに行くと玩具売り場で平気で遊んでいました。私たちは自宅で大手の下請けでカタログなどを作る仕事をしていたのですが、納期が厳しくて、子どもは生まれたものの、世話をする時間がなく、必要最小限の世話しかしていませんでした。子どもがいるというだけで負担でしたので、保育園にいれようかとも思ったのですが、手のかからない子だったので、そのまま家で見ていたというか、ほっといたのです。ところが、異常ではないかと思い始めた頃から、これはなんとかしなければならないと夫婦でよく話し合い、食べていけるかどうか心配でしたが、大手の下請けの仕事をやめて、自分たちで小口の注文をとってきてなんとかやっていこうと決めたのです。それからというもの、日中は仕事をいっさいせず、Tと遊ぶことに専念しました。夫婦のどちらかが注文をとりに出かけることはあっても、Tひとりにすることはありませんでした。仕事もTが起きている間はいっさいせず、Tが寝てからの夜の九時から夜中の三時までしています。しばらくすると、私たちの働きかけに反応して遊ぶようになったのですが、さらにしばらくすると、今度は、あれほどひとりでいるのが平気だったTが、私たちが少し見えないだけで大騒ぎして探すという状態が続きました。トイレまで追いかけてきました。極端から極端になったとずいぶん心配しました。こんな落ち着いた状態になったのはつい最近です」と話してくれました。T君は明らかにA型からC型を経てB型になったのです。

木部　この子は今でいうところのASDというか、自閉圏の子としてたぶん分類されるのではないかと思います。こういう子がいるので、三歳くらいまでは診断するなと言うんですよね。親御さんがすごい努力をしたんだと思います。いわゆる、自閉症の子の早期の強烈な介入ですよね。

繁多　この子は心配だったので白百合に行ってからも呼んだんですが、ふつうの小学一年生でした。

木部　そうなんですよね。発育歴の中にこういうものを持っている人は確かにいるんですが、この子の場合は親がたぶんすごい努力をしたんですよね。早い時期だったらまだ動く、ということだと思います。ただ自閉症の子っていわゆる「早期発見」ができないんですよ。Early Autistic Feature、「早期自閉徴候」みたいなものはいくつかあるんですが。たとえば、抱いたときに仰け反ってしまうとか……

繁多　視線が合わないというのもそうでしょうか。

木部　そのあたりになるともう確定的ですが、そこまで行かなくても、ボーダーというか、アスペルガー的だけれどよくわからないという人たちがいて、それゆえに早期の介入というのがすごく難しくて、だから結局のところは「三歳で診断しましょう」という話になってしまう。

でも、avoidance というのは基本的には他者に関心をもたないわけでしょう。ASDは母親にも関心はないけれど他にも関心はないんですよね。avoidance の典型的なものは、ASDの可能性があると思います。そういう子どもたちの一群が、親の早期介入によって良くなった、というケースだと思います。

繁多　そうなんですね。ぼくは親が放っておいたからこうなったんだと思っていましたが、放っておいてもみんながこうなるわけではないですよね。

木部　そのとおりです。だから、親が三歳くらいの子どもを連れてきたら、「とにかくこの一～二年が勝負になるから、口うるさいほど介入することが大事だ」みたいな話をするんです。それでかなり良くなる子もいますよね。自閉の子の子育ては、ふつうの子の子育てとは違うんですよ。お節介で、どんどん侵入的にならなければいけない。一人の時間なんて持たせてはだめなんです。

繁多　このケースの親御さんは子どもが起きているときはずーっと二人で関わって、一人の時間をもたせませんでした。これは自閉症の介入なんですね。この子は自閉症ではなかったと思いますが。

木部　もちろんポテンシャル的に良くなるものがあったんでしょうが、とても強烈な介入で良かったと思います。

繁多　そのお母さんは、白百合に行ってから「来てくれますか」と言ったら喜んで坊やを連れてきました。ごく普通のかわいい小学一年生になっていました。メインの六歳児の方法を試したら、彼はお母さんが帰ってきたらすごく喜んで歓迎しました。ところがB群だった子どもは、お母さんが帰ってきても、「おお、帰ってきたか」みたいな感じで、どうってことないわけです（笑）。だから、逆にSSPであまり良くなかった子が、六歳の時にはお母さんとの関係をうんと密接にしていて、B群だった子たちはそんなのは当たり前になっているという感じでした。

木部　ふーん、そんなのは卒業しているという感じですね。

この事例が示す事実は、不安定から安定への順番が連続して並んでいるということです。各パターンはけっして独立したものではなく、横に並んでいるということです。何が並んでいるのかというと、母親に対する信頼度のようなものです。両親に対するワーキングモデルが大きく変化したということです。先に、子どもが母親にアタッチメントを形成する生後六カ月ころには、母親には聖女の部分と魔女の部分の両方があるということをすでに子どもたちは知っていて、でもいざというときには必ず助けてくれると思って、母親へのアタッチメントを形成していくのだという説明をしました。満一歳の時点で実施するＳＳＰでＢ群に分類される子どもは、自分の母親には聖女の部分が六十％はあるから、いざというときは必ず守ってくれるという確信をもって、母親を安全の基地として活動することができる子どもたちなのでしょうし、Ｃタイプの子どもは聖女の部分が五十％あるか、それとも魔女の部分が五十％を越しているかわからないので、不安で離れられないということでしょうし、Ａタイプは明らかに魔女の部分が多く、七十％は魔女だから、とても期待などできないので距離をおいてかかわろう、と思っているのかもしれません。Ｄタイプはほとんど百％に近く魔女だから、その母親自体が安全の基地どころか、恐怖の対象になっていて、どのように行動したらよいのかわからないという状態になっているのかもしれません。一例だけでこのような主張をするのは無謀ではありますが、ＣからＢへという変化は数多く見てきていますし，ＡからＢにＣを経ないで変化する例はこれまで見たことがありませんので、実際にパターンが変化した事例を精力的に集めながら、Ｃを経ないでＡからＢとか、Ｄ‐回避からＢというような変化をした子どもが一人でも存在したかどうかを確かめながら、Ａ、Ｂ、Ｃ、Ｄというパターンの意味するものを明確にしていくことは基本に帰って重要なことであると思います。パターンの連続性に関する研究でも、持続しているか変化したかを捉えるだけでなく、変化の過程を詳細に検討していくことが必要があるのだと思います。

さらに、Ｄの扱いについても、最近では、ＤがＤ‐安定、Ｄ‐回避、Ｄ‐抵抗の三つに分かれています。Aのような行動（回避行動）をしたかと思うとC（抵抗行動・アンビバレント行動）のような動きがあって、どちらかに分類できないので、Dを作ろうといって作ったはずなのに、今度はそのDを三分割（D‐安定、D‐回避、D‐抵抗）することの意味はどのようなことなのでしょうか。さらに、D‐安定の子どもたちのワーキングモデルとはどのようなものなのでしょうか。D‐安定型と判定された母親は自分たちの母子関係をどのように判断すればよいのでしょうか。アタッチメントというきわめてプラクティカルな側面を扱っているのですから、それぞれのパターンの存在が必然というのならば、それぞれのパターンの意味づけを親の養育行動と関連付けてきちんとしなければなりません。

第Ⅲ部　アタッチメントの臨床応用

15. アタッチメント理論に基づく心理療法

ボウルビィ（一九八八）は、愛着理論を適用した治療法についても言及しています。愛着理論を適用する治療者は、患者が自分自身や愛着対象についてもっているワーキングモデルを、治療的関係の中で得た新たな理解や体験を通して、再評価、再構成するために、探求しうるような状況を提供することだと述べ、そのために治療者がすべき五つの課題をあげています。

治療者の五つの課題

第一の課題は、患者に安全の基地を提供することです。患者がそこを起点にして人生の過去や現在のさまざまな不幸で苦痛に満ちた側面を探求し、表現できるように安全の基地を提供する治療者の役割は、母親が子どもに外界を探索する起点となる安全基地を与える役割に類似しているというのです。不幸な側面については支持や励ましやときには指導をしてくれる、信頼できる人なしには考えたり再考したりすることは難しく、おそらく不可能であることに患者は気づいているというのです。

第二の課題は、患者が探求することを助けることです。患者が現在の生活における重要な人物との関係において、自分自身の感情や行動、あるいは他者の感情や行動に対し、何を期待しているのか、うまくいかなくなってしまう状況を自分で作ってしまうときに、どのような無意識のバイアスをもっているのだろうか、といったことを考えることを励ますことによって患者を助ける役割です。

第三の課題は、患者との人間関係をより深いものにし、その人間関係の中に、患者自身の愛着対象が患者に対して、どのように感じたり、ふるまったりしがちであるかについての、彼のあらゆる認識や説明や期待――それは彼の両親や自分自身についてのワーキングモデル――を持ち込ませることです。

第四の課題は、患者のそのような現在の認識や期待の仕方、感じ方や行動の仕方が、子ども時代や青年期に親との関係で実際に起きた出来事や状況の所産なのか、あるいは、親に繰り返し言われてきたことの所産なのか、を考えるように励ますことです。これは不幸な親子関係を経験している患者にとって苦痛に満ちた困難な過程ですが、患者には想像することも考えることもできないと思われてきた親に対する考えや感情を、ありうることとして考えるよう治療者が勧めることが必要なのです。

治療者の第五の課題は、第四の課題で患者が述べた、自分自身や他者についてのワーキングモデルが自分の現在や将来に適切であるかどうかを、患者が検討できるようにすることです。それらは過去の苦痛に満ちた体験か、あるいは親から発せられた誤りへと導くメッセージに由来するものですが、それらが自分の現在や将来に適切なものなのか、あるいは適切なものではないものかもしれないということを患者が認識できるようにすることです。「情緒障害を起こしている人の場合、彼の知覚や予測、感情や行動に最も大きく影響しているワーキングモデルは、彼の乳幼児期に発達したモデルであり、かなり原始的レベルで構築されているが、当人自身には比較的、あるいは完全に気づかれていないようなモデルであることが常である。一方、彼のなかにこのモデルとは矛盾した第二のモデルが作用している。このモデルは遅く発達し、第一のモデルよりもはるかに複雑で、当人によってかなり意識されていて、有力なモデルだと誤り考えられてしまうようなモデルである。情緒障害者を治療する仕事の多くは、患者に意識されていなくて、実際には影響を及ぼしているモデルのあることを探知させ、その明らかになったモデルを患者に検証させ、それらのモデルが今後とも妥当かどうかを検討させることである。自分を支配していたワーキングモデルの本質を把握し、その起源を跡付けることができると、患者は古いモデルを過去の経験や繰り返し言われたことによる正当な所産であると考えることができるようになり、現在の生活により適した、代わりの新しいモデルを自由に用いることができるようになる。ワーキングモデルという幼いときに構築されたものでも、変化は生涯を通して続くもので、効果的な治療を行う機会を与えてくれるのは、この変化の可能性である」とボウルビィは述べ、ワーキングモデルは生涯を通して変化しうるものであると主張しています。

木部　これは認知行動療法の先駆けみたいなものですよね。自分のワーキングモデルがいかに歪んでいるかということを認識してそれを修正しましょうということを言っているわけですから。
繁多　そうですね。「行動」までは入らないかもしれませんが、「認知療法」とはうんと似ています。
木部　ボウルビィの患者というのはどういう人たちですか。
繁多　二十歳くらいの若い女の子とか、「非行」が多いようです。
木部　ああ、当時の人たちはみんなそうですね。ウィニコットがいう愛情剥奪だって基本的には非行の人たちですからね。この時代はまだ非行の子たちが元気だったんですね。今はほとんどみんなひきこもりで、非行が少ないですが。
繁多　昔から非行はいましたよね。でも不登校とかは一人もいなかった。
木部　非行は減る一方です。昔は児童相談所の主な仕事は非行少年ですからね。

ボウルビィが示す治療の流れ

ボウルビィは神経症はアタッチメントに問題があるときに生じる、と考えています。ある人間のアタッチメントの状態は、その人の基本的な決定因であり、自分自身と他者をどう捉えているかを反映するものです。神経症的パターンもこの中心的なアタッチメントが問題を持つときに生じると考えられるというのです。アタッチメント理論においては、人が病気や悩みや脅威に直面したとき、救いが得られるような愛着対象を求めると考えられます。安全の基地が確保されると愛着行動はおさまり、悩みやさまざまな感情が起こった状況について探索が始まります。心理療法的な助けを求める人は、過去にそのような基地を確立することが困難だった人だというのです。

ボウルビィが示す治療の流れをまとめますと、次のようになるでしょう。「神経症はアタッチメントに問題があるときに生じる→不安定なアタッチメントに特有な防衛→安定した治療場面の提供（安全の基地の提供）→実際の外傷の探索→これまで統制できなかった感情に患者が直面できる→物語の一貫性→患者自身の中に内的な安全の基地→治療者の放棄」

ボウルビィの考えに従って、この流れに若干の説明をくわえますと、「神経症患者はアタッチメントに問題があるときに生じる」については、神経症患者は「自分は他者に無視されるだろう」「自分は人の世話をし、その人を喜ばせたときだけ愛される」といった的外れの仮説をもつことが多いため、これらの不適切なスキーマを引き出し、修正していくことが治療課題となります。「不安定なアタッチメントに特有な防衛」に関しては、回避型は「自分は安心感を得るために愛着対象に近づく必要性を感じるが、相手は自分の接近を拒否するので、自分は要求を抑圧して、わずかな情緒的関係をとり続ける」という防衛を、アンビバレント型は「自分は愛着対象に近づこうとするが、相手は誤った反応をしたり、自分が制御できない形で押し付けてくるために、自分は彼らの養育にこだわり強く要求してしまう」という防衛をするでしょう。「安全の基地の提供」は、上述したように、治療者の五つの課題のうちの第一の課題ですが、不安定なアタッチメントに特有な防衛と治療者の技術との間の苦闘となります。常に役に立ち、信頼できると思われなければなりません。

ていねいで思いやりがあって、気配りができなければなりません。限界や境界を設定し、治療が中断や失敗に終わらないように保護しなければなりません。よい治療者はとくに無意識的、非言語的レベルで患者の親のようにふるまいます。反応豊かで、協調的で、しかもわが子を独立した存在としてみている親のようにふるまいます。反応豊かな相互作用の成分として、連続して他の人間と内的経験を分かち合うアチューンメントは重要です。これは比較的静かな欲求で、それが満たされなくなって、呼吸が苦しくなったときにはじめて自覚されるようなものです。情緒障害の患者の初期経験にはこれが欠けています。アンビバレント型の人には探索行動に結びつくような確固とした絶対的な信頼と限界設定が必要です。回避型の人は苦痛や拒否と深く結びついていますので、解釈を控えめにして、より柔軟で、親しみやすい治療関係が望ましいです。

木部　ボウルビィは「スキーマ」という言葉を使うんですか。

繁多　ボウルビィが使っていたかどうかわかりませんが、ホームズの『ボウルビィとアタッチメント理論』の中では使われていました。

木部　これはまさしく認知療法ですよね。それと、ボウルビィは「転移」をどう考えていたんでしょう。

繁多　ボウルビィが転移を詳しく説明しているのは読んだことがないですね。

木部　ボウルビィは精神分析という枠の中から最終的には出て行ったかのように理解されています。

でもその時にはボウルビィは転移をどう考えたのかなあと思っているんです。転移とはつまり「この治療者は自分の過去の母親のように自分をいたぶるのではないか」といったことですが。

繁多　「その人が持っているワーキングモデルは治療者にも向けられる」とは言っています。これは転移ですね。

木部　ああそうか。ワーキングモデルの中に転移という概念が含まれるということですね。ワーキングモデルというのは一つだけではないというか、もっと広い概念であって、転移の方がもっとフォーカスがしぼられているとは思いますが。ここでいう「愛着対象」とは治療者のことですね。

「実際の外傷の探索」は、養育者との分離、養育の中断、養育者の無責任、養育者からの虐待、両親の自殺、期待されなかった性別、子どもの親役割化、両親の不和といった過去の外傷に対して、適切な情動反応を促し、それについての感情のやりとりと話し合いを促していくのが治療者の課題です。「これまで統制できなかった感情に直面することができる」というのは、子どもと調和していける親には、感情を言葉に変えて、葛藤を解決していけるような子どもが育ちます。子どもと調和していけない母親には、自分の感情を分裂や投影同一視によって処理し、空虚さや無為な状態に陥りやすい子どもが育ちやすい。心理療法を必要とするのはそのような人たちでしょうから、治療者は患者の感情に敏感に反応し、共感しなければなりません。そして患者からの投影を受け、これまで統制できなかった感情であったものに患者が直面できるようにそれらを変えていかなければなりません。「物語の一貫性」に関しては、人間の中核的状態（core state）というのは、主要な人間関係の来歴の集大成ですので、この来歴が個人の物語として表現されるならば、その人は安定した気持ちをもてるでしょう。物語は一時的な経験を、現在の首尾一貫した意味をもつ話に変えることができます。つまり、物語は経験を客観化し、生の感情を象徴に変えてしまうことによって、悩めるものはそこから離脱することができるのです。自叙伝的能力は安定した愛着の結果ですし、また、安定した愛着に寄与するものなのです。これは「壊れた線」の修復を意味しています。最後の「患者自身の内的な安全基地」の意味するところは、壊れた線が修復されると、物語の形での探索が可能となります。さまざまな経験が連続性を持ち始め、より崩れの少ない自己を得ることになります。そうなると治療者という外的な援助から自らを引き離し、自分の内的な安全の基地に頼るようになります。

木部　「自分の感情を分裂や投影同一視によって処理し」というのは、たとえば親が自分の思い通りに、自分の欲望のままに子どもを育てるという意味からすれば、親と子の区分が付かないということですよね。あたかも自分の一部であるかのように取り扱ってしまう。でも子育てでは、子どもは自分の一部ではあるものの、愛情をもって自立させていくという意味では、まったく別な存在という側面も持つわけですよね。だから強烈な無意識的な束縛ということになります。

「患者の感情に敏感に反応し、共感しなければならない」というのは、ビオンの言うコンテインですね。陰性の感情とか憎しみであったりとかを受け、そういうものをきちんと処理し、戻すということですよね。こういうかたちでは確かに転移について語ってはいるわけです。ただ「転移」とかそういう言葉がボウルビィはもう嫌いになっていたんでしょうかね（笑）。
でもよくみると『母と子のアタッチメント　心の安全基地』の中で転移についてちょっとだけ言っていますね。小見出しに「幼少期の経験が転移関係に及ぼす影響」とあるんですが、本文には転移については、かなり大雑把な感じで触れているだけです。

患者に安全の基地を提供するという治療者のこの役割は、ウィニコットの「Holding（だっこ）」やビオンの「Containing（包み込むこと）」と非常によく似ているとボウルビィ（一九八八）は言っています。さらに、ボウルビィが述べる治療原則と多くの共通点を持つ分析家として、英国では、フェアバーン、ウィニコット、ガントリップ、米国では、サリヴァン、フロム、ライヒマン、ギル、コフートなどをあげています。

木部　こう見てくると治療という面では精神分析とかなり共通していますが、「物語の一貫性」を強調しているところ、「神経症はアタッチメントの問題だ」と言い切っているところがボウルビィの独自性で面白いところですね。

16. アタッチメント理論と子育て支援

(1) アタッチメント理論からの子育てについての助言

生まれてきたばかりの赤ちゃんで、「生まれてきてよかった」と思う赤ちゃんはひとりもいないといわれています。「やばいところに出てきたな」「お母さんのおなかに帰りたいな」と誰もが思うというのです。その理由は明らかです。お母さんのおなかの中にいたときには一度も経験しなかった不快なこと、苦痛を伴うことを生まれたとたんにいっぱい経験するからです。一番いやなことは空腹という経験かもしれません。お母さんのおなかの中では管で結ばれていましたので、空腹というのは一度も経験していません。ところが、生まれてまもなくその空腹が襲ってきます。赤ちゃんにとっては粉々になって死んでしまうのではないかと思うほどの苦痛かもしれません。そのほか、母親の羊水の温度ほどは環境を一定には保てないので、暑いとか寒いとかで不快を感じることもあるでしょうし、大きな音に脅されたり、オムツのぬれる不快感も初めて経験することです。

このようなとき、赤ちゃんは泣いて訴えます。その泣き信号に対して、多くの場合、母親が、おなかがすいているのか、おむつがぬれているのか、暑すぎるのか、といろいろ考えて対処します。おなかがすいていると判断すると、母親が授乳します。しかし、赤ちゃんはまだこの世の中に自分と同じような人間の仲間がいるとは知りませんので、つまり、自他の分化ができていませんので、お母さんが授乳しているのに、「おなかがすいたとき、自分は大声で泣き叫んで魔法のテーブルにご馳走をならべることができるんだぞ！」くらいに思っているかもしれません。このように思える赤ちゃんは自分が訴えるとあまり時間をおかずにミルクをもらえる赤ちゃんで、いくら訴えてもなかなかもらえない赤ちゃんはそのようには思えないでしょう。「魔法のテーブルにご馳走を並べることができるんだぞ」と思える赤ちゃんはそのような経験を積重ねて、将来の自己効力感や自己肯定感につなげていけるかもしれませんが、いくら泣いてもなかなかもらえない赤ちゃんは逆に無力感をもつかもしれません。

アタッチメント理論を構築したボウルビィ（一九八八）は、先にも述べましたが「健康で、幸福で、自立した青少年は、両親が子どもに多くの時間をかけ、よく気を配る安定した環境で育まれた」と主張して、子どもが健全なアタッチメントを形成して、幸せな人生を送れるかどうかは、親の育て方ひとつにかかっていると強調しています。もちろん、赤ちゃんの世話は二十四時間、年中無休の仕事なので、母親だけに負わせるのではなく、父親や祖父母といった協力者が必要であることも強調しています。

自他の分化ができていなかった赤ちゃんも、自分の両手をからませたり、お母さんの手をつかんだり、自分の指をしゃぶったりしながら、「自分の両手をからませると、両手とも感じるのに、お母さんの手をさわると、さわった片手しか感じない」「お母さんのおっぱいを吸うときは口だけしか感じないのに、自分の指を吸うと、指も口も感じる」「変だな」と思うことをきっかけに、自分とお母さんの間には境界線があって、母親は自分とは違う人間で、違う人間が自分にごちそうをくれていたのだということ知るようになるのです。それが生後三カ月ぐらいの時点です。

このように、自他の分化が成立するまでには多少の時間がかかるのですが、生まれてすぐから、赤ちゃんは人間が好きだという証拠がいくつも出ています。たとえば、すでに述べたことですが、生後二日目の赤ちゃんでも、人の顔の絵と新聞紙を人の顔の形に切り取ったものを同時に見せると、人の顔の絵の方をよく見るとか、人の話し声も好きらしく、生後十二時間の赤ちゃんでも、ベルの音などの物理音には反応しないのに、お母さんがはなしかけると、身体をゆすって反応するエントレインメントという現象があることなども証明されていて、実際には母子の相互作用は誕生直後から活発に行われているのです。

母親が働きかけてもこのように応答するし、赤ちゃんも微笑や発声や体動などで、さかんにシグナルを送るので、それに母親が応える形での相互作用も生じます。その相互作用がどれぐらい続くかは、赤ちゃんのリズムにどれぐらい母親が上手に合わせられるかどうかにかかっているようです。初めは赤ちゃんの自律的なリズムに従いながら、上手に合わせていくと、赤ちゃんも相互作用自体を楽しむようになります。生後三カ月の赤ちゃんと母親が微笑やバブリングで盛んに相互作用している最中に、突然、母親にスティルフェイス（無表情で黙っている）をするように実験的に指示しますと、はじめのうちは「どうしたのだろう?」という表情で、今までよりもより激しくバブリングや微笑で働きかけてきますが、それでも母親が反応しないと、ほとんどの赤ちゃんが泣き出してしまいます。生後三カ月で、それほどまでに母子相互作用は赤ちゃんにとって重要なものになっているのに、この時点では、まだ母親は子どものアタッチメントの対象にはなっていないのです。つまり、まだアタッチメントは形成されていないのです。

母親は見慣れた親しみのもてる対象にはなっていて、三カ月微笑という言葉がありますが、これは生後三カ月までは誰の顔を見ても赤ちゃんは微笑を送りますが、誰の顔を見ても微笑するという行為は、それ以降少なくなって、次第に弁別的になってきますよという意味です。つまり、母親と隣のおばちゃんが並んでいると、より母親に対して微笑むようになるということです。にもかかわらずまだ子どものアタッチメントの対象になっていないというのは、その母親が視界から消え見えなくなっても悲しみのサインを示さないからです。母親の姿が見えなくなると、泣いたり追いかけようとしたり探そうとしたりするようになるのは、生後六カ月ぐらいからですが、それまでの三カ月間（ボウルビィの発達段階では第二段階にあたります）は、さかんに相互作用をしながら、母親を一人の人間として統合的に認知するための準備をしているのです。

聖女と魔女

どんなにやさしい母親でも、機嫌がわるかったり、体調がよくなかったりで、子どもといつなんどきでも百点満点の関わりができるものではありません。誰にでも魔女の要素が少しはあるものです。三カ月、四カ月、五カ月の赤ちゃんは、まだ一人の人間のあらゆる側面を統合的に捉える認知能力はありませんので、アタッチメントの発達のところでも述べましたが、この月齢の赤ちゃんたちは、やさしかったり、怒ったりするのは一人の人がやっているのではなくて、やさしい聖女とこわい魔女が交代で自分の世話をしていると思っているのかもしれません。子どもたちはいろいろ誤解をしながら成長していくのです。生後六カ月ぐらいになって、ひとりの人間を統合的に捉えることができるようになって、一人の人間が聖女をやったり魔女をやったりしていたことがわかるようになって、母親という弁別された特別の人間に対して、「この人が自分の保護に一番責任をもっている人だ。この人と一緒にいれば自分の生命は大丈夫だ。だからいつもこの人と一緒にいたいな。この人は魔女の部分も少しはあるけど、でも聖女の部分がずっと多いから、いざというときには必ず助けてくれるから、この人と一緒にいたいな」という気持ちになったとき、その赤ちゃんの気持ちのことをアタッチメントと言っているのです。一人の特別の人に対して愛情という情緒と信頼という情緒を向けたということです。ボウルビィ（一九六九）はそれを“Affectional Bond”（愛情をともなった心の絆）と呼んでいます。そのような赤ちゃんの気持ちはアタッチメントですが、その気持ちを表す具体的な行動、たとえば、母親が見えなくなると泣くとか、追いかけようとするとか、しがみつくといったアタッチメントの対象である母親との接近・接触を求める行動はアタッチメント行動と呼ばれています。アタッチメント理論の骨格の章で述べたとおりです。このアタッチメント行動は子どもが恐れや不安を感じていたり、具合が悪いときなどは多くなりますし、元気いっぱいのときは遊びに夢中であまり出てこないというように、出たり、出なかったりしますが、アタッチメントのほうは「お母さん大好き」という気持ちですから、ずっと存在する持続的なものです。先にも述べましたように、このアタッチメントとアタッチメント行動の両方を説明しようというのがアタッチメント理論なのです。

ワーキングモデルの形成

生後六カ月を過ぎ、母親へのアタッチメントを形成したからといって、常にアタッチメント対象である母親とくっついているわけではありません。母親が近くにいるとわかると、母親を安全の基地として、探索活動に勤しむこともしばしばです。振り向くと母親がいなくてパニックになってしばらくは母親にしがみついているということもありますが、また元気を取り戻して探索活動に入っていきます。このように、母親との相互作用を繰り返しながら、生後六カ月から一歳ぐらいまでの間に、ワーキングモデルというものを作り上げていきます。ワーキングモデルというのは内的表象で、いわばイメージのようなものです。お母さんとの相互作用を通して、まずはお母さんのイメージをつくりあげていきます。はじめは、「ぼくがお母さんを見て微笑むと、お母さんは『ごきげんね』といいながら頭をなでてくれるよ」という具体的なイメージで、さらに相互作用を繰り返していくと、「お母さんは僕が何かシグナルを送ると必ず応答してくれるよ」という一般的なイメージになり、さらなる関わりを通して、「優しい人、僕を大事にしてくれる人、僕を愛してくれる人」という抽象的なイメージを形成していきます。

このようにして、アタッチメント対象である母親のイメージから作っていきますが、実はそうしながら、その裏側である自分のイメージも作っていっているのです。「お母さんは僕を大切にしてくれる、僕を愛してくれる」というイメージを作るということは、「僕はお母さんから愛され、大切にされるような人間なのだ」という自分に対するイメージを作ることにつながるのです。そして、満一歳になってストレンジ・シチュエーションというアタッチメントの質を評価する実験室的方法に参加したとき、このように母親にも自分自身についても肯定的なワーキングモデルを形成している子どもは「安定型」と評価されるのです。

人生の中でアタッチメント対象との接近・接触を求める行動が最も活発なのは、アタッチメントが形成される生後六カ月から三歳ぐらいまでの、わずか二年半ぐらいです。その間には、父親や接触の多い祖父母や叔父、叔母などがいれば、どんどんアタッチメント対象を増やしていきます。保育園に通っている子どもは保育者をアタッチメント対象にします。アタッチメントというのは、人間が自らの生命を保護するためのものですから、子どもは自らの生命を守るため身近な大人をアタッチメントの対象にしていくのです。

ボウルビィ（一九八八）は普通のよい家庭で育つ子どもは必ず安定型になると考えていますし、できればすべての子どもが安定型であってほしいと思っています。もちろん、私たちもそのように思って子育て相談にも臨んでいます。なぜ、安定型であってほしいかというと、安定型の子どもたちには「安全基地」があるからです。安定型の子どもたちはアタッチメント対象を安全の基地としていつでも使用できるのです。先にも述べたことですが、安全基地には二つの働きがあります。一つは、そこを基地にして探索行動に飛び立っていくための機能です。もう一つは、何か怖いことがあったり、不安におそわれたりしたとき、助けを求めて逃げ込む基地としての機能です。子どもが幼ければ幼いほどその基地は自分の近くにあることが望ましいのですが、子どもが成長していくに従って、ワーキングモデルが重要になってきます。心の中に「いざというときには必ず守ってくれる人がいる」と思っているかどうかという問題です。安定型の子どもはそう思っていますし、「自分は守ってもらえるような人間だ」と思っていますので、のびのびと安心して活動できますが、不安定型のワーキングモデルをもっている人は安心などできませんので、適応的な行動をとるのが難しいのです。

健全なアタッチメントをもたせるには

それでは、子どもに安定型のアタッチメントをもたせるためにはどうしたらよいのでしょうか。このこともすでに触れたことですが、ボウルビィは日常生活の中でごく普通に行われている相互作用がアタッチメント形成にはきわめて重要だと主張しています。目と目を合わせて微笑するとか、快適な身体的接触とか、子どもの発声などに敏感に応答するとか、子どもと楽しく遊ぶとかです。子どもが言語を理解するようになったら、子どもが怒りとか悲しみといった情緒を表現したとき、「こういうことで怒ったのね」「これができなくて悲しくなったのね」とその情緒が生じた原因をあげながら、子どもが表出している情緒をなぞってあげるということも大切です。そういうことをよくされている子どもは自分の感情を言葉で表現するようになるでしょう。感情を言葉で表現するということは自らの感情をコントロールする第一歩ですので、キレルようなことのない人間に成長するでしょう。

それから、近年言われるようになったのですが、本書でも触れましたメンタライゼーションという、親が子どものことを、心をもったひとりの人間として認識して、子どもと自分自身の精神状態に注意を向けながら、子どもの心をどれほど思うことができるかということが、安定したアタッチメントの形成にも、子どもの知的発達にもきわめて重要であるということが強調されるようになりました。メンタライゼーションという言葉を覚える必要はないかもしれませんが、子どもを、心を持ったひとりの人間として認めてあげて、子どもの心をよく理解しようという親の気持ちが非常に大事だということを忘れなければよいのだと思います。

それから、少し大きくなって言語理解が進んできたら、健全なアタッチメントの形成を阻害する親の言動についても注意が必要です。たとえば、「もう愛してあげない」とか「あんたなんかきらい」という脅し、「見捨てる」という脅し、「お母さん死ぬから」という脅し「あなたが悪いことばかりするからお母さん病気になった」といった脅しは当然のことながら心理的虐待ですので厳禁です。それから、親のどちらか、あるいは両方に望まれなかった子ども、男児にしろ女児にしろ、親が期待していた性とは異なる性の子どもも安定したアタッチメントがつきにくいと言われています。もちろん、生まれてきた子どもには何の責任もないことですので、親が受け入れなければならないことです。

乳幼児をもつ親（答えてくれるのはほとんど母親）を対象に、子育てに関する質問紙調査をしますと、「子どもの性格が好きではない」「もっとちがう子であったらと思う」というような設問に対して五段階法で「まったくそのとおり」と回答をする人は少ないのですが、その次の「ややそう思う」まで入れますと、五％ほどにのぼります。質問紙調査ではなく、実際の子育て相談でも、「子どもを好きになれない」ということを主訴として相談に来られる母親もいます。たしかに私たちには「好み」というものがあって、それは、人間の個性についても向けられるものかもしれません。その「好み」を克服する唯一の方法は、子どもの心を知ろうと努力することだと思います。メンタライゼーションです。子どもが親から見て気に入らない行動をしているとき、自分自身の精神状態に注意を向けながら、子どもの心に思いを寄せる経験を積み重ねて、子どもの心をよりよく知っていくということ以外に方法はないと思います。「こんな気持ちで、こんなことをしているのか」とわかってきたら、その子どもに対する見方も変わってきます。すべての愛は知ることからはじまるのだと思います。

子どもが児童期、思春期と成長していくにつれ、身体的接近・接触を求めるようなアタッチメント行動は減少してきますが、子どもたちがどのようなワーキングモデルをもっているかに注意をはらう必要があるでしょう。親に対しても、自分自身についてもポジティブなワーキングモデルをもっていると思えば、あまり接触してこなくても、子どもが親とコミュニケーションをしたいと思えばいつでもできるという雰囲気を用意しておけばよいし、もし、あまりポジティブなワーキングモデルをもっていないと感じたら、子どもたちの人格を尊重しながら、より思いやりのある、やさしい態度で接するよう努力しなければならないでしょう。

(2) 保育園での子育て

働く母親の増加により、保育園で日中をすごす乳幼児が増加してきています。最近は育児休暇をとることができる職場が増えてきたため、一歳児の入園が難関になってきていますが、育児休暇がこれほど一般的にはなっていない頃には〇歳児の入園が一番大変でした。産休明けの生後三カ月頃から預けるというケースもたくさんありました。もちろん、今日でも〇歳から入園する子どももたくさんいます。保育園児の生活環境を家庭で過ごす子どもと比較して明らかに異なっている点は、①日中、母親と離れて生活している、②複数の養育者をもっている、③集団で養育されている、という三点です。これらの点は、子どもが母親への愛着を形成し、発達させていくうえで、どのような意味をもっているのでしょうか。

まず第一に、日中、母子分離がなされているという事実はどのような影響を及ぼすのでしょうか。これまで再三述べてきましたように、母子間の愛着の形成を促進する要因は母子間でなされる相互作用です。日中の母子分離がそれだけ母と子の相互作用の機会を制限していることは疑いのない事実です。働く母親の朝の時間は戦争のようなものでしょう。食事の準備をし、食事をさせて、片づけて、赤ちゃんのおむつを変えて、出かける準備をして、子どもを園まで送り届けて職場へ向かう。夕方は夕方で、子どもを保育園に迎えに行って、途中で買い物をして、夕食の支度をして、食べさせて、お風呂に入れて、寝かしつけるという毎日でしょう。もちろん、授乳したり、食事をたべさせたり、お風呂に入れたりというときに相互作用はしていますが、母と子が楽しく遊ぶという時間はどれほどとれているかという問題が残ります。

次に、複数の養育者が存在するという問題はどうでしょうか。保育園児は日中は保育者によって養育されています。その保育者も一人とはかぎらず、〇歳児の担当が三人であれば、保育園だけで三人の保育者から養育されることになります。さらに二次保育が必要な場合などは母親を含めて五人の人の養育を受けることになります。このように多くの人がひとりの子どもの養育にあたる事態をマルティプル・マザーリングと呼んでいます。この事態は、子どもの側からすれば、自分の保護に責任をもっている人がただひとりの人ではないということを意味しますので、一人の人に愛着を形成していくことが困難な状態のように思えます。しかも、世話の仕方がそれぞれの養育者によって異なっていれば、子どもはマザーリングの不連続ということも経験しなければなりません。大人の方でも、一人の子どもの世話が分散されているため、一人ひとりの子どもの発するシグナルに対する感受性が育ちにくいという問題もあります。

それでは三番目の集団で保育されているという点はどうでしょうか。この点に関しては、外国で行われた研究で、同じように母親が働いている場合でも、一人のベビーシッターが一人の子どもを預かって世話するケースと、ひとりのベビーシッターや保育者が三人以上の子どもを預かるケースとを比較したところ、三人以上が一緒に世話されている子どもたちの方が、ひとりのベビーシッターにひとりだけで世話されている子どもたちに比べて、母親との分離に抵抗を示し、泣き喚くことが多かったと報告されています。

このように見ていくと、保育園児は母親への愛着を形成し、発達させていくうえで、きわめて不利な状況におかれているということなのでしょうか。相互作用の〝量〟的不足は、その〝質〟で補うことはできないのでしょうか。マルティプル・マザーリングが不利な事態であるとしても、その不利な面を克服する手立てはないものでしょうか。こういったことを、実際の具体的な資料をもとに考えてみましょう。

保育園児のアタッチメント

私たちが保育園児と家庭児の比較研究のために集めた資料は、次のようなものです。（これから述べる資料は繁多（一九八七）にも掲載しているもので、筆者が横浜国立大学に在職中にゼミ生たちとの協同研究で得られたものです。）すべて保育園児と家庭児がほぼ半々の人数からなっています。①生後六カ月から十二カ月までの乳児三八八名を対象にした質問紙調査。②生後十五カ月から二十七カ月までの幼児四五四名を対象にした質問紙調査。③一歳児（十二カ月）、二歳児（二十四カ月）のストレンジ・シチュエーションを用いた比較研究の三つです。なお、ここでいう保育園児とは生後六カ月以前に保育園に入園している子どもたちです。この三つの研究から得られたさまざまな結果のうち、保育園児にみられた顕著な特徴をいくつかひろいあげてみましょう。

愛着行動の開始時期……生後六カ月から十二カ月の乳児三八八名（各月齢五十名以上）について、エインスワースがガンダ研究での観察を通して特定した愛着行動の十二の指標「泣いているとき、母親以外の人が抱いてあやしても泣き止まないのに、母親に代わるとすぐに泣き止むというようなことがありますか」といった十二の設問に対して「はい」「いいえ」のどちらかで答えてもらいました。全部「はい」なら十二点ということになります。各月齢ごとに家庭児と保育園児の平均得点を月齢ごとに示したのが図4です。これによりますと、家庭児の場合は、六カ月から七カ月にかけて母親への愛着行動が急速に増えているのに対して、保育園児の場合は七カ月から八カ月にかけて大幅に増えていて、愛着行動が活発になる時期が一カ月ほど保育園児のほうが遅れるということが示されています。これは相互作用の量の問題が関わっているのでしょう。

接近・接触を求める行動……愛着行動の発現時期は一カ月ほどずれるものの八カ月以降は一歳まで両群に差違はありませんでしたが、二十七カ月までの幼児期ではどうでしょうか。質問紙はエインスワースの項目のうち六カ月から十二カ月まで上昇傾向を示した六項目と、一、二歳児が多く示すと思われる十五項目を加えた二十一項目で、因子分析の結果、①接触行動、②後追い行動③歓迎行動、④探索行動の四因子に分類されました。この四因子で家庭児と保育園児を比較してみると、「母親にくっつき、接触を求める」（接触行動）、「母親がいなくなったとき、泣いて母親を呼び求める」（後追い行動）、「母親との再会時に、まるで抱いてといわんばかりに両腕を上げ、声を出して喜びのしぐさをする」（歓迎行動）の三つでは、保育園児のほうがはるかに活発だったのです。ところが、「母親から離れてひとりで遊び、ときどき母のもとに戻る」といった母親を安全の基地として探索活動に勤しむとい

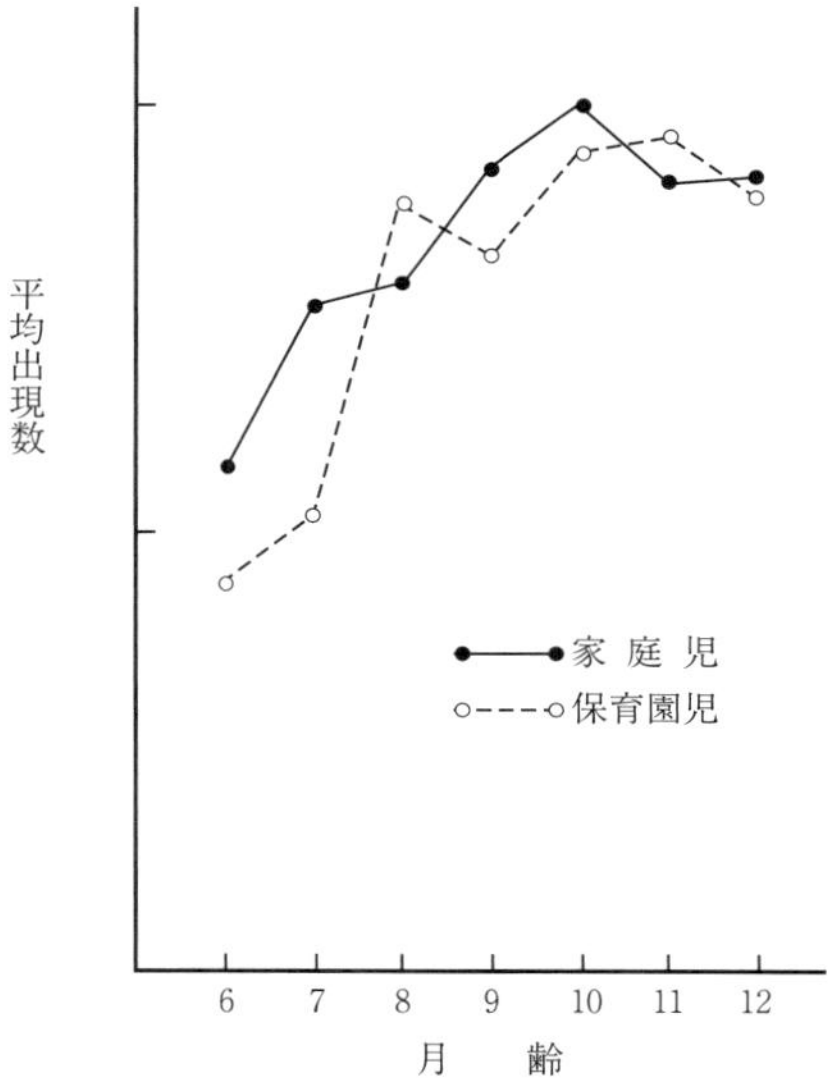

図4　愛着行動の平均出現数

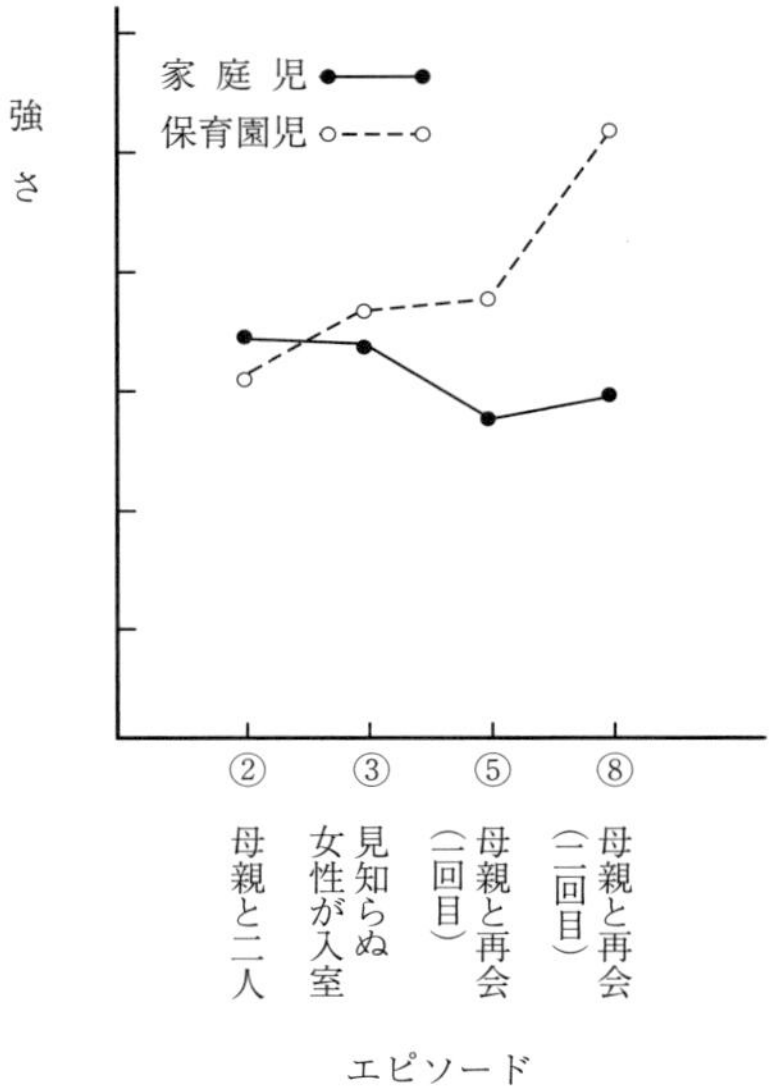

図５　母親への接近，接触（二歳児）

った行動は、各月齢を通して、家庭児群のほうが保育園児群よりも活発だったのです。保育園児の方が家庭児より母親への接近・接触を求める行動をより多く示すという傾向は、ストレンジ・シチュエーションによる実験でも明瞭に示されたのです。

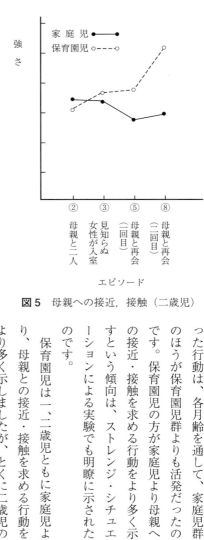

保育園児は一、二歳児ともに家庭児より、母親との接近・接触を求める行動をより多く示しましたが、とくに二歳児の再会エピソードでの差が、図５に示されるように顕著でした。これは質問紙調査でも、二歳前後の子どもたちに顕著な差がみられたのと符号しています。

このように、家庭児に比して、保育園児の方が母親への接近・接触行動が多いということをどう捉えたらよいかという問題です。そこで、同じ質問紙調査でとってあった日常の親の養育行動との関連を見てみました。その結果、母子で遊ぶ時間との関連が見られました。保育園児の場合は、子どもと遊ぶ時間がもてない母親の子どもほど、母親への接近・接触を求める行動、母親への後追い行動が多いということが明白に示されたのです。これと同じ結果は、ストレンジ・シチュエーションでも見られ、ストレンジ・シチュエーションで激しい接近・接触を示した子どもは、日頃、母子の接触は少ないと質問紙調査で答えている母親の子どもたちだったのです。このように見てくると、保育園児の接近・接触行動や後追い行動は家庭での接触時間が少ないという単純な理由から来ているといえるので、それを増やすことができれば解決できる問題といえます。そのほか、ストレンジ・シチュエーションでの母子分離場面での「泣き行動」が家庭児よりはるかに多く、また、ストレンジャー役を勤める女子学生に対する微笑行動でも家庭児に比べて少ないという傾向があり、毎日、母子分離を経験している保育園児の方が、母子分離場面でも泣かないであろうという私たちの予想、多くの養育者をもつ保育園児のほうが見知らぬ人とのかかわりもスムーズであろう、という私たちの単純な予想は反対になりましたが、それほど単純なものではないということを結果は示していました。

このような結果から、保育園児のアタッチメントには問題があると言えるのかという問題ですが、ストレンジ・シチュエーションでのA、B、C分類では、家庭児と保育園児の間にまったく差はありませんでした。安定型であるBタイプの出現率も、回避型であるA型、アンビバレント型であるC型の出現率にも、まったく差はみられませんでした。にもかかわらず示されたさまざまな差異は、保育園児の「もっとお母さんと一緒にいたい」「もっと遊びたい」という気持ちがもたらしたもののように感じました。接触時間は少なくても、「お母さん大好き」という気持ちは家庭児に負けていないということです。そういう意味では、子どもたちがそのような気持ちをもっているということを、よく理解して子育てすることが保育園児の母親にとっては大事なことかもしれません。

もう一つ、私たちは保育園への入園時期がアタッチメントの発達に関係するかどうかについても検討しました。十八名の乳児の八カ月間における行動観察から得られた資料です。十八名を生後三カ月で入園した六名（低月齢児群）、生後五カ月から八カ月で入園した六名（中月齢児群）、生後九カ月から十一カ月で入園した六名（高月齢児群）の三群について、母親が送りに来て別れるときの分離不安、母親が迎えに来たときの歓迎行動、保育者との相互作用を中心とする保育園への適応過程を中心に観察しました。その結果、高月齢群の子どもたちは、最初の一週間は全員が激しい分離不安を示しましたが、一カ月、二カ月と経過するにつれ、泣きは少なくなり、五カ月後には皆無になりました。中月齢児群は最初の一、二カ月は分離不安を示しませんでしたが、入所三カ月くらいから泣きがみられるようになり、入所四、五カ月で激しい泣きを示すようになりました。このときの月齢は十カ月前後で、激しい泣きを示した高月齢児群の入所当時の月齢と一致します。低月例児群は観察が打ち切られた生後十一カ月まで、分離不安で泣きを示すことはありませんでした。

繁多　低月齢児で母親との分離不安が出ないのは、母親への愛着が付いていなかったからではなく、保育園の保育者へのアタッチメントが強いからだと思うんです。

木部　愛着対象が複数存在したということですね。

繁多　そうです。でもやがてお母さんに移るんですよ。お母さんが保育園に夕方迎えに行くとその子は保育者にしがみついて、明らかな保育者との分離不安を示している。でもお母さんも悔しいから必死になって接触するでしょう。そうするとだんだん移っていく。それでいいんです。でも最近は育児休暇をとる母親が増えてきましたので、保育者が最初の愛着対象になるということはほとんどなくなりましたね。

母親が迎えにきたときの歓迎行動は、高月齢児群は一人を除いて、入所当初から明確な歓迎行動を示し、入所一カ月後には六人全員が明らかな歓迎行動を示すようになりました。中月齢児群は、入所して一カ月は歓迎行動は見られず、二カ月目から増え始め、三カ月目では全員が明らかな歓迎行動を示しました。この時点は月齢でいえば九カ月前後で、これも高月齢児群と一致します。低月齢児群は生後八カ月あたりから歓迎行動らしきものをわずかに見せ始めるものの、十カ月、十一カ月という月齢になっても、明確な歓迎行動はみられませんでした。

保育園への適応に関しては、高月齢児群は入所後一カ月ほどは表情もさえず、探索活動も少なく、保育者との相互交渉も積極的ではありませんでしたが、二カ月目あたりから表情も明るく、探索活動も保育者との相互交渉も積極的になり、いわゆる、よい適応を示すようになりました。中月齢児群は、入所して二カ月間ほどは、月齢の高い高月齢児群より適応はよく見えましたが、入所後三、四カ月の頃、これは母親との分離不安や歓迎行動を示し始める頃ですが、このときに表情もさえず、探索活動も不活発で、保育者との関係も積極的でなくなる時期がありました。この時期は母親へのアタッチメントを形成している時期で、母親へのアタッチメントが落ち着いてくると、また、保育園への適応もよくなってきました。低月齢児群については、生後十一カ月になるまで、中月齢児が示したような変化はみられなかったし、保育園での適応は三群の中で最もよいように見えましたが、母親よりも先に保育者を明らかにアタッチメントの対象にしていると思われる子どもも何人かいました。

このように見てくると、生後三カ月という時点で保育園に入れることが、母親へのアタッチメントの形成を困難にしているように思われます。たしかに、アタッチメントの形成時期が遅れることは、この資料は示していますが、わずか六名のデータから決定的なことはとても言えず、多くの被験者を対象にした検討がなされる必要があります。また、観察資料を増やして同じ結果が出たとしても、アタッチメントの形成が時期的に遅れることが、将来のパーソナリティ形成に影響するかどうかもわかっているわけではありません。その辺の検討も今後にゆだねられているのです。もし、子どもが生後三カ月のときに仕事に復帰してもよいし、六カ月まで延ばしても一向にかまわないのだけど、どっちにしようかな、というような状況のときには、六カ月まで延ばしたほうがよい、という程度の資料と思ってよいものだと思います。

ここで示した資料は三十年も前のものです。今日の保育園や子ども園の保育はとても充実したものになってきています。きちんとした社会福祉法人が運営する保育園や子ども園は、保育の質を高めるための努力を積み重ねていますし、家庭で子育てしている母親たちに定期的に「広場」を提供して相談に応じたり、子どもとの遊びの指導などをして、その地域の子育てのセンターとしての役割を果たしています。保育園や子ども園に子どもを入園させたことで、子育てがうまくいっているというケースも多々ありますし、孤立した家庭での子育ての危険もありますので、「三歳までは家庭で」などという単純なことはとても言えない状況になってきています。個々の状況に応じて、どちらかを選択し、その中で最善を尽くすということです。

(3) 保育園、こども園での保育者の役割

母親へのアタッチメントがすでにきちんと形成されて入ってくる子どもたちに対しては、保育者は二次的なアタッチメントの対象になることをめざすことになります。二次的なアタッチメント対象というのは、「この人もお母さんと同じように、自分を守ってくれる人」だと思われるということです。子どもは、生後六カ月ごろに母親を最初の愛着対象にした後、二次的な愛着対象を少しずつ増やしていきます。家庭で養育される子どもは、父親、祖父母、叔父、叔母といった人たちが二次的愛着対象候補ですが、保育園児の場合は、保育者が二次的愛着対象の第一候補にならなければなりません。とくに、〇、一、二と幼いグループの保育者は、できるだけ早く子どもの愛着対象にならなければなりません。幼い子どもたちは一日のうちに何度も恐怖を感じたり、苦痛や不快や不安を感じたりします。そのとき、子どもたちは誰かに助けを求めます。その場合、保育者がうまく子

どもの身体的、心理的保護を果たすことができるかどうかは、子どもと保育者の間の相互作用の質しだいです。子どもが幼ければ幼いほど、実際に子どものそばにいて、子どもの発するシグナルに敏感に応答しながら、子どもの状態を常に把握し、適切な対処をしてあげる機会が多ければ多いほど、子どもは保育者を自分を守ってくれる人物として、その有効性を信じ、アタッチメントの対象にしていくのです。子どもが幼ければ幼いほど、その場ですぐに助けてくれる人を必要としているのです。その場に安全の基地があることが、〇歳、一歳、二歳という幼い子どもたちにとっては大切な条件なのです。子どもに対する保育者の人数が子どもが幼いほど多いのはそういう意味なのです。こんなに幼い子どもたちが、第一の愛着対象と離れて、一日に八時間も、九時間も生活しているのです。そのような長い時間を安全の基地なしに過ごさせるということは、ストレスの満ちた場で生活させるようなものです。一番頼りになるお母さんはいないけど、お母さんに勝るともおとらないような保育者が見守ってくれているから大丈夫だと思って、子どもたちは保育者を安全基地として保育園・子ども園でのびのびと生活しているのです。

子どもたちの愛着の対象になるための方法は、先にあげた子どもとの絶え間なく続く相互作用です。これまではアチューンメントという、子どもと感情を共有する相互作用が重視されていましたが、今日では、保育者が自分自身の精神状態にも注意を向けながら、子どもの心を思いはかるというメンタライゼーションが注目されるようになってきました。乳児といえどもきちんとした心をもった、一個の人格をもった存在であると認めたうえで、乳児の感情や行動の意味を読み取り、それに呼応して保育者が応答するような相互作用を繰り返していれば、「この人は自分を守ってくれる人だ」と子どもから全面的に信頼される子どもの愛着対象になることでしょう。

三歳、四歳、五歳とだんだん大きくなっていくに従って、もちろん、具体的に助けてあげる、守ってあげるということも必要ですが、「この人はいざというときには守ってくれる人」というそれぞれの子どものそれぞれの保育者に対する「確信」が大事になってきます。ワーキングモデルと呼ばれるものです。このワーキングモデルも、具体的な世話やかかわりの積み重ねからできあがってくるものですが、年齢が上がっていくに従って、一人の保育者が世話しなければならない子どもの数が増えていきますので、そんなにそばにいることはできなくても、「いざというときはいつでも守ってくれる人」というワーキングモデルを子どもたちから持たれている保育者がときどき見える状態でも、子どもたちは「安全基地」の存在を確認してのびのびと活動できるのです。

それから、生後六カ月以前に入園してきて、まだ母親へのアタッチメントがついていない場合は、保育者が最初のアタッチメントの対象になることがあります。それはそれで困ったことではありません。母親が送ってきてその保育者がいると飛びついていき、母親が迎えにくると、その保育者との別れが悲しくて泣くというようなことが続くと、当該保育者は、母親に悪いというような気持ちになり、できるだけその子どもとの接触を避けるようにすることも実際にありますが、そのようなことをする必要はまったくありません。一人の人間を愛着対象にしたという経験は素晴らしいことなのです。その経験を生かして、母親を二次的な愛着対象にするよう仕向けていけばよいだけの話です。母親に快適な相互作用の重要性を伝え、母親もまた悔しいので、一生懸命子どもとの相互作用をするでしょう。そのようにして、スムーズに第一の愛着対象が母親に移行していった例はいくらでもありますので、心配する必要はありません。

子どもを保育するだけでなく、両親の子育てを支援することも、最近では保育園・子ども園の使命とされています。子育てに困難を感じている保護者がいれば、相談に乗ってあげたり、相談機関を紹介してあげたり、保護者の味方になってあげることが大事です。園の玄関に入れば、ほっとすると保護者が感じるような園であってほしいと思います。

17. アタッチメントによる乳児院、養護施設で暮らす子どもたちへの寄与

(1) 乳児院での養育

乳児院に措置されたときの月齢、年齢によって、母親とのアタッチメントが成立後に措置されたか、成立前であるかによって対応は少し違います。成立後であれば、アタッチメント対象との分離による対象喪失を経験しているわけですから、その悲しみを理解し、慰めてあげなければなりません。そして、代わりのアタッチメント対象をできるだけ早く作ってあげなければなりません。その方法はこれまで述べてきた通り、子どものシグナルに敏感に応答し、子どもと情緒を共有し、実際に子どもの世話をしながら子どもを守り、助ける機会を数多くもつということです。メンタライゼーションの章で示した通り、生後六カ月の赤ちゃんとのかかわりにおいて、赤ちゃんの〝心〟に関する発言をたくさんする母親の子どもは、生後十二カ月のときにストレンジ・シチュエーションで

アタッチメントを査定すると、安定型になることが非常に多いという研究結果は、小さな赤ちゃんといえども、一個の心をもった人間として、一個の人格をもった人間として関わることがいかに大切かを示しているものだと思います。これまで述べてきたメンタライゼーションとかメンタライジング能力といったものは、母子分離を強いられ、家庭から離れて生活する乳児院児や施設児の世話をする保育者にとって最も大切で必要な能力なのかもしれません。「何考えてるの？」「お母さんをからかってるの？」「お母さんの顔、おかしな顔と思ってるの？」といった赤ちゃんに対する母親の発言の背景には、大きな愛情を感じます。わが子ではない子どもの世話をする乳児院の保育者は意識的にメンタライジング能力を高める努力をする必要があるかと思います。

一般的に、〇歳児、一歳児は比較的早く母親に代わって保育者をアタッチメント対象にしますが、二歳、三歳となるに従って、別れた母親とのアタッチメントが健全なものであればあったほど、保育者にその対象を代えていくのには時間がかかります。しかし、時間はかかりますが、母親に安定したアタッチメントを形成した経験のある子どもは、基本的に他者を信頼する心性を育てていますので、保育者をアタッチメント対象にした場合でも、安定したものになる可能性が高いのです。どのような理由で乳児院に入所することになったかという措置理由はさまざまでしょうが、それまでにとてもよい母子関係がなされていないケースが多いとすれば、回避型のA型とか、アンビバレント型のC型とか、あるいはすでに虐待された経験をもって入った子どももいるとすればD型といった、いわゆる不安性愛着を経験してきている子どもも少なからずいると思います。そのような子どもたちは、すでにワーキングモデルが自己像も他者像もネガティブになっていますので、そこから変えていかなければなりません。養育者である両親に対して「彼らは自分の要求に応答してくれず、感受性に乏しく、有害で、信頼できない」というワーキングモデルをもっている子どもたちから、「保育者たちは概して私の要求に応答的で、感受性も高く、よく世話をし、信頼できる」と思われるようにするのは並大抵のことではありません。

ワーキングモデルというのは前に触れましたが、三層構造をなしていて、一番下の層は具体的な経験から成っています。「私が微笑んだら頭をなでてくれた」「私がだっこしてと言ったらにこにこしながらだっこしてくれた」といった具体的表象の積み重ねを通して、子どもたちは「自分がなんらかのシグナルを送れば応答してくれる人」という一般的表象ができ、さらにその表象（イメージ）が崩れることがなかったら、やがて「優しい人、自分を愛してくれ、守ってくれる人」という抽象的表象を持つようになります。健全なアタッチメントの成立です。そう簡単なことではなく、試し行動なども見られると思いますので、きちんと限界を設けたうえで、できるかぎり受容的な養育態度で臨むことが望まれます。

生後六カ月以前に入所してくる乳児は、母親へのアタッチメントはまだついていないでしょうから、喪失を経験することはありませんが、アタッチメントを形成した経験がないのですから、保育者が最初の愛着対象となります。できるだけ担当制にして、主たるアタッチメント対象一人と、それに次ぐアタッチメント対象にそのグループの担当者二、三人がなっていれば、交代勤務であったとしても、アタッチメント対象が誰もいず、安全の基地が存在しない状態で生活しなければならないという事態を防ぐことができるでしょう。

(2) 養護施設での養育

滝川（二〇一二）は、施設で養育される子どもたちが抱えている問題として、

① 護られ愛されるべき体験がまったく逆のものであり続けた結果、子どもは激しい不信、やり場のない怒りと攻撃感情、愛情への激しい飢えを抱えており、それが対人関係を困難にしてしまう問題、

② 虐待という心身への破壊的体験から少しでも身や心を護る必要上、ふつうには見られない特異なこころの働きが生み出されて、それが一見理解しがたいふるまいとなってあらわれる問題。精神医学の概念を使えば「ＰＴＳＤ」に相当する、

③ ふつうなら養育の中でおのずと得られていくべき成長の糧を与えられず、そのために精神発達上の遅れや偏りを強いられている問題。これは「発達障害」の問題と底を通じている、

という三点をあげ、それぞれが大変なうえ、これら三つはもつれあっていると指摘しています。

この三つは子どもの側が抱える問題ですが、さらに四つ目の問題として、施設側の生活環境がもたらす問題もあげなければならないとして、

④施設がともすれば閉じた集団世界になりやすいことや子どもをあずかる職員数の足りなさを背景として、子ども集団の中で陰に陽に暴力が生じる。年長児から年少児への暴力の連鎖ができていることもあり、性暴力が潜みうることも見逃せない。この子どもたちの怒りや攻撃性、衝動コントロールの不得手さからもしばしば暴力が突発するが、問題はそれとは別のレベルの施設内の集団力動が作り上げる暴力である。子どもたちの関係世界において強いものから弱いものへの力による支配が大人の目の届かないところで暗黙裡に一人歩きする現象と考えられる。施設に「保護」されても「虐待が」終わらない事態が発生し、これは深刻である、

と述べています。

たしかに深刻な問題です。職員数が不足しているなかで、これらの問題に対処していくのは至難の業です。しかし、このような深刻な問題が生じる一つの要因として「職員数の不足」というものが関わっているのであれば、その点は解決できない問題ではありません。もちろん、職員数を増やせばすべてが解決するというものではないでしょうが、本書の冒頭に、施設の職員が三倍から四倍近くに増えたとき、子どもたちの知能指数が大幅に上昇し、さまざまな異常習癖がうそのように消えていったことを身をもって体験していることに触れました。それだけに、直接処遇職員の大幅な増員を祈願してやみません。

養護施設の施設長から、子どもたちが職員の顔を見るたび「死ね！」と毒づくので、職員たちが疲弊しきっていると嘆いているのを聞いたこともあります。それでも子どもたちは人と関わろう

とする本性をもっています。人から愛されたいし、人を愛したいという気持ちがないはずがありません。「死ね！」は「愛して！」と同義語なのかもしれません。それも職員数が不足している中で、十分に愛してもらっていないという子どもたちの気持ちからきている言葉かもしれません。被虐待児への心理教育プログラムがいろいろ開発されてきているようですので、そのようなプログラムを採用して対処していくことも一つの方法ではあると思いますが、職員の一人との緊密なアタッチメントが子どもを救った例をあげてみましょう。

話は一九七〇年のことですから、もう五十年近くも前の話です。筆者が心理職として勤務していた施設に入所していたS君は、五歳のときに家庭引き取りということで、両親に引き取られて行きました。生まれた病院から直接乳児院に入所していて、二歳のときに私たちの幼児施設に入所してきた子どもですが、乳児院在院中も私どもの施設にいた三年余りの期間にも、一度も両親の面接の記録はありませんでした。心配した私はS君の家庭引き取りを通達してきた児童相談所に「家庭引取りの前にせめて何回か面接にきてもらえないか」という電話をしました。児童相談所の回答は「勧めてはみますが、交通費もかかることですので、強制はできません」という回答でした。結局、一度の面接もないまま引き取られていきました。

しかし、その当時、家庭引き取りというのはめったにありませんでしたし、赤飯をたいてお祝いだという雰囲気でしたので、S君自身、家庭引取りが決まってから引き取られるまでの一カ月間は天にも昇る気持ちだったのでしょうか、いつもにこにこして有頂天という状態でした。入所児の二十五％ぐらいの子どもには親の面接がときどきありましたので、親を一度も見たことのない子どもでも、三歳ぐらいになると、世の中には母親という人がいて、その人はどんなにやさしい保育者とも比べものにならないくらいやさしい人だというイメージを作っています。S君もそうでした。両親で来られた引取りの日、「初めて親子が会ったのですから、まずは親子の信頼関係を築くことを第一にしてください」と言う私の話をさえぎって、「どうせこんなところでろくなしつけもされていないだろうから、私がこれからきちんとしつけますから心配しないでください」と母親が言ったのです。そうではないということを必死で言ったのですが、まったく聞く耳を持ってはいませんでした。心配ではありましたが、私も愛知県の短大に就職するため、S君が引き取られて三日後にはその施設を離れたのです。

　ですから、「実母が大虐待」という見出しで、全国紙の一面に掲載された記事を見たのは愛知県ででした。記事の内容は母親の虐待がひどく、子どももかなりの傷を負っているということで近所からの通報があり、児童相談所の一時保護所に緊急保護したというものでした。当時はまだ児童虐待が今ほど多くはなく、死亡にいたらしめる虐待ではなくても、全国紙の一面に載るほどの大事件だったのです。この五十年の間にどうして虐待が大幅に増えてきたのか、この問題こそ真剣に考えなければならない問題ですが、S君の問題に戻りますと、私はそのことがあってから六年後にS君と思いがけず会うことができました。私が幼児施設で見ていた子どもたちの追跡調査で、学童施設に措置変更で移っている五十数名の子どもたちに面接調査と心理テストを実施するために二十数箇所の学童施設（一施設で数名の該当者がいる施設もあった）を訪問しているとき、その調査も終わりに近づいていたのですが、私は学童施設へ措置変更した子どもたちの名簿をもって回っていたものですから、家庭引き取りのS君は名簿に入ってなく、面接対象者ではなかったのです。それでU君という子どもを園長室で待っていましたら、S君が現れて、「U君がね、先生が来るって教えてくれたから会いにきたの」と言って入ってきたのです。その施設に入っているとは知らなかったので、驚きながらもとても嬉しく思ったのですが、同時に、六年も前の虐待がどれほどひどいものであったかも見せつけられたのです。夏休みでしたので、ランニングシャツに半ズボン姿でしたが、顔、頭、腕、脚と見えるところは全部、煙草の火を押し付けられた火傷の痕だらけだったのです。

木部　幼児施設というのは何歳まででしたでしょうか。
繁多　六歳までです。小学校からは措置変更で学童施設に移っていく。
木部　では今では制度が変わっているということですね。
繁多　いまは幼児だけの施設というのはあまりないでしょう。
木部　いまは〇〜三（乳児院）と三〜高校生（児童養護施設）ですね。

実はその日までですでに五十人ほどの子どもたちと会っていましたが、私を覚えていた子どもは一人もいませんでした。保育者のことは覚えているのに、心理職の私のことはまったく覚えていなかったのです。でも直接処遇職員である保育者のことは名前までしっかり覚えていて、「〇〇お姉さん元気?」（保育者をお姉さんと呼ばせていた）と懐かしそうに聞く姿は、「世話する - 世話される」という関係の強さというか、深さというか、そういったものを改めて感じさせられたものでした。しかし、S君は私のことも鮮明に覚えてくれていたのです。「先生のこと覚えてるの?」という私の質問に「覚えているよ、だって、僕のアルバムに載ってるもん」と言い「見たい?」というので「うん」と言うと、急いで自分の部屋まで取りに行き、もって来たアルバムをぱっと開いて「ほら」と言って開いたところには海水浴に行ったときの海水パンツ姿のS君と私が腕を組んで写っている写真がありました。退園のときに、ひとりひとりにその子どもが写っている写真で一冊のアルバムを保育者が作って渡すのですが、多くの子どもは学童施設の保育者に渡してあまり見ることはないようです。しかしS君のアルバムは手垢がついていて、大体どの辺に誰が写っているかがわかっているようでした。それだけよく見ているということでしょう。新聞記事には緊急保護されたと書いてあったのですが、そのときにもアルバムは忘れずに持っていったということです。その学童施設の職員から聞いたところによると、もといた施設に帰ると言って、駅に入り込んではつかまるので、線路沿いに走っていたこともあったというのです。

それからS君との面接に入り、聞いてはいけないと思いながらも、つい私が尋ねた「S君たしかお母さんに引き取られたのだったよね」という質問に、さして動揺した様子もなく「うん。だけどお母さん少し都合悪くなって、僕またここへ来たんだ」と言っていました。それから、文章完成法という心理テストをしたのですが、そこには、「母親」という言葉だけが印刷されていて、そのあとに続けて書くことが求められている欄に、「母親」に続けて「がもっとふつうの人だったらなー」と書いてありました。私と話している間ずっと百円玉を握っているので「百円玉どうするの？」と聞いたら、「あのね、Y君、今日誕生日だから何か買ってあげようと思って」と言っていました。あれだけの虐待を受けていながら、やさしい心を持ち続けておれるものだと思っていましたら、実はそのときすでに強力なアタッチメント対象が存在していたのです。その施設の男性職員で、S君と密に接触し、愛し、励まし、護ってくれている人がいたのです。初めは傷だらけで入ってきたS君への同情からだったかもしれませんが、そのうち本当の愛着関係になったのだと思います。S君が高校を卒業するとき、その人と一緒に私どもがいた幼児施設に訪ねてきて、「僕は社会福祉施設で育ててもらったので、社会福祉施設に恩返しをする必要があるので、これから保育専門学校に入って、社会福祉施設で保育者として勤めるつもりです」と言ったそうです。顔の火傷の痕もほとんど気にならないくらいになっていたそうです。そして実際に勤めているということを風の便りで聞いています。

このようにうまくいくことは、ごく限られた事例かもしれませんが、全力でもって子どもを護り続けよう、愛し続けようという大人の気持ちは、いかに困難を抱えている子どもたちといえども、けっして通じないということはないと信じて、ぐちをこぼしながらも、ねばり強く取り組んでいくことが、子どもたちを支える唯一の道かもしれません。

ボウルビィのアタッチメント理論にしても、ボウルビィが実際にしている臨床にしても、彼は反社会的問題をもった人たちの臨床も熱心にやっていたのですが、そのキーワードは〝リスペクト〟だと思います。どのようなクライエントに対しても、リスペクトすることを忘れたことはなかったのだと思います。

木部　希望を持てるお話ですね。

繁多　ちょっと希望を持てるでしょ。この話を講演でずると、お母さんたちはみんな泣くんです。小学校の講堂で四年生～六年生一六〇人に話した時には、S君の話は百分の講演のうち最後の十分間なのに、感想文の九十五パーセントがS君のことしか書いていなかった。同じくらいの年齢ですからね。「S君の爪の垢でも煎じて飲まなければならない」とか書いている子もいた。なかでも子どもたちが一番感動したのは、一人で線路沿いに走って帰ろうとしたことでもなく、毎日アルバムの頁をめくっていたことでもなく、「S君がお母さんの悪口を言わなかった」ことでした。そこに一番反応していたんです。「お母さんの都合が悪くなってここへ来たんだ」としか言わなかったことに。

木部　でも、お母さんがふつうじゃないという認識はあったわけですよね。「病気だから仕方ないか」という感じでしょうか。

繁多　S君はそうですね。講演を聞いていた四～六年生たちは、第二反抗期に入りかけていて、きっと親の悪口を言いたくてしょうがない年齢なんでしょうね。子どもたちの反応に、私はびっくりしました。

解説――あとがきに代えて

木部　則雄

この繁多先生の基礎講義によって、アタッチメントの研究と臨床応用の流れが明確になったように思います。ここで論じられたことを咀嚼すると、ボウルビィは短期間のＷＨＯの顧問という役職で、マターナル・ディプリベーションという概念を提出しました。しかし、これはラターらの批判を受け、母子関係の詳細なシステムとしてアタッチメントという概念でその批判に応えました。また、これは二次的動因説の否定となり、精神分析の主流と決別することになりました。この結果、アタッチメントは主に研究分野で展開することになりました。この際、重要な役割を果たしたのは、エインスワースの創案したＳＳＰでした。ＳＳＰはアタッチメントという複雑なアイディアを三分類にすることで、研究という領域での明確化を行いました。これに続いて、メインはボウルビィが主に健康な母子関係に注目していたところを、病的なアタッチメントに関心を抱き、従来のアタッチメントの分類にＤ型を付け加えました。メインはさらにＡＡＩという半構造化面接を創案し、成人のアタッチメントの分類を成功裏に収めます。これはアタッチメント研究において、画期的なこととなりました。子どもの時のアタッチメントと成人になってからのアタッチメントの連続性の実証といった、生涯にわたるアタッチメントに関する研究へと展開することとなったということです。

臨床的には、こうした研究の流れを受けて、まず愛着障害という被虐待児に注目が集まりました。本書で明確化されたのは、D型が愛着障害にすべて当てはまるわけではなく、D型の安定型といったものまであるということです。D型はあたかも愛着障害と誤認されているようにも思う人がいるなか、これは概念の整理になりました。次にフォナギーの主導の元に、アタッチメントは臨床へと導入され、メンタライゼーションの骨子となり、人としての基本的な心的機能として注目されています。

こうした本書の流れの理解の上で、本書の解説を書きますが、私はアタッチメントの門外漢であり、門前の小僧の域にも達しておらず、解説というタイトルは不適切かもしれません。私は主にクライン派の精神分析を基盤としているために、この解説は客観的でも、包括的でもなく、我田引水的な視点からアタッチメントを見ることになり、精神分析に馴染みのない人にとって、いささかマニアックな内容になりますが、本書の補足として読んでいただければ幸いです。

ここでは、一先ず、（1）クライン派の発達理論との相違、（2）マターナル・ディプリベーションに関するラターの批判、（3）フォナギーのアタッチメントと精神分析の和解、そして（4）メンタライゼーションを中心にして、私なりの理解を記述してみます。

（1）クライン派の発達論とアタッチメント

ボウルビィとクライン、乳幼児観察の創案者であるエスター・ビック、双方の意見の相違に関しては、『乳幼児観察入門』（創元社　二〇一九）で紹介されている早期母子関係に関する理論を参考にしてみます。ボウルビィは、乳幼児は母親の存在を本能的に必要とし、自分が生き残る上で母親の存在が果たす役割について強調しています。乳幼児が母親から長期間、分離させられていることの危険性ばかりでなく、乳幼児が受けるケアの質の重要性についても述べています。当時、第二次世界大戦後の貧困との戦いの中にあって、乳幼児のケアなどということは議論の俎板に上がることもなく、誰も注意を向けることもありませんでした。幼い子どもに必要なケアということに注意を向けさせ、また子どものケアに関する思想の時代的風潮に変化をもたらしたボウルビィの役割は計り知れないほど重要なものです。

さて、ボウルビィはアタッチメントという本能行動ばかりでなく、母親との関係性におけるワーキングモデルが、子どもの中でどのように発達するのかについても興味を向けました。その発達によって、アタッチメントや自己・他者への信頼感がこころの中で発達していくとしました。しかし、ボウルビィのモデルでは情緒はもともと生物学的な欲求と、外的状況からの圧力との相互作用によって生じてくると見なされています。ボウルビィは、子どもに生じる不安がたとえば母子分離のように、自分の安全性を脅かすような外的な状況から生じてくるとし、これは生物学的なメカニズムに起因すると考えました。クラインとその理論を展開した後継者たちは、ボウルビィとは異なり、情緒の内的経験と生物学的に継承されたものから入念に作り上げられたこころに焦点を当てています。不安の発生に関して母子分離の経験が果たす役割について、ボウルビィはこうしたクラインの考えに反対しています。そこでは外的状況が重要であり、子どもの不安は外的状況をもとにして生じてくると考えるのか、あるいはまず最初に子どもの中の内的状況があり、不安は実際もともと内的なものからすべてが作り出されると考えるのか、という極端な議論が生じてしまいました。クラインやビックは、子どもの外的な経験が大切ではあることを認めていますが、同時に子どもが外的な経験を自分の中でどう作り上げていくのかを考えることが必須だと考えました。内的世界という視点から、ある子どもは早期の経験がかなり悲惨なものであってもまさに生き残ることができたり、逆に早期の養育が好ましいものであっても、子ども時代や大人になって混乱するようになるかもしれないということについて、考える必要性があると考えました。

ボウルビィがクラインに対して異議を唱えた点は他にもあります。それは、クラインが乳幼児の早期の経験である乳房を吸うことだけに限局させ、母親と乳幼児の他の関係性を無視し、生後二年、三年目の大切さを考慮に入れていないと考えている点でした。クラインにとって、乳幼児の最初の対象として乳房に関心を集約することは、ある部分では乳幼児の経験のあるパターンに注目するために、広範な経験をひとつの形にまとめあげる方法でした。こうしたレベルで誕生直後の経験や、後に発達する中でその経験が引き続き明確になってくることに、クラインは最も関心を向けていました。ボウルビィは生後数カ月のことについてはほとんど何も語っておらず、主に乳児期後期と早期幼児期のある特性について関心を持っていました。

こうしたことを超えて、内的対象の概念と、アタッチメント理論から発展した自己と他者のワーキングモデルとの間には、興味深い共通点もあります。しかしながら、内的対象の概念には認知的な側面は少なく、関心の中心は基本的に外的な行動よりも、ある内的対象との関係の中で生じてくるこころの状態にあります。これがボウルビィとクライン派との大まかな相違です。

　私はこの相違の理由は、クラインとボウルビィの出会った子どもたちの質の違いにあるのではないかと思っています。クラインが会った子どもたちの両親は、地位も教養もあり、経済的に恵まれた主にユダヤ人の子どもたちでした。それに対して、ボウルビィが相手をした子どもたちは、戦後の混沌とした時代の劣悪な家庭環境で養育され、反社会的行動に陥った子どもたちでした。ボウルビィが外的事実を重視したのは、こうした背景があるからかもしれません。このことは、フロイトと同時代のジャネの関係にも当て嵌まるように思えます。フロイトのほとんどの患者はリンク内の地位も教養もあり、経済的にも豊かなユダヤ人や、極めつけ裕福なロシア人たちでした。一方、ジャネの患者の大半は街路地で客を招く十代そこそこの少女たちでした。フロイトは性的虐待を外的現実でなく、心的事実として、トラウマを脇役にしました。これはフロイトの患者では、まさしく適切な理論構成でした。その一方、ジャネにとっては現実として、性的虐待が自自明白であり、それをトラウマとして、解離に焦点を当てたのも当然であったように思います。

　昨今のサイコセラピーでは、この悲惨な外的現実と内的現実のどちらに焦点を当てる方が適当なのかと迷う場面にしばしば出会います。家庭崩壊の中、子どもたちが現実の夫婦喧嘩や離婚という現実に晒されている時には、セラピーでは現実問題が前景になります。その一方、落ち着いた時間が流れる時には、喪の作業という内的世界での事象が展開します。こうしたことから勘案すれば、どちらが正しいというわけではないことを、私は日々の実践から感じています。

　さて、ボウルビィはクラインから決別したとはいえ、クラインからの影響は計り知れないものがあると思っています。ボウルビィとエインスワースのアタッチメントの分類は、安定型は抑うつポジションの乳房、アンビバレント型は妄想分裂ポジションの乳房を表象し、回避型はその途上にあるとみなすと、両者の発達論は統合されるように常々思っていることを「図」とともに付記しておきます。クラインの発達論の起点であるPSポジション以前の段階を、重篤な子どもを診ていたビックやメルツァーは仮定せざるを得なくなりました。ここには、コンテイナーの欠損、機能不全があります。一応、D型として記載しましたが、愛着障害という方が適切かもしれません。

(2) マターナル・ディプリベーション

次に、マターナル・ディプリベーションについて、触れておく必要があるように思います。マターナル・ディプリベーションは、ボウルビィがWHOの依頼を受けてまとめた『乳幼児の精神衛生』(岩崎学術出

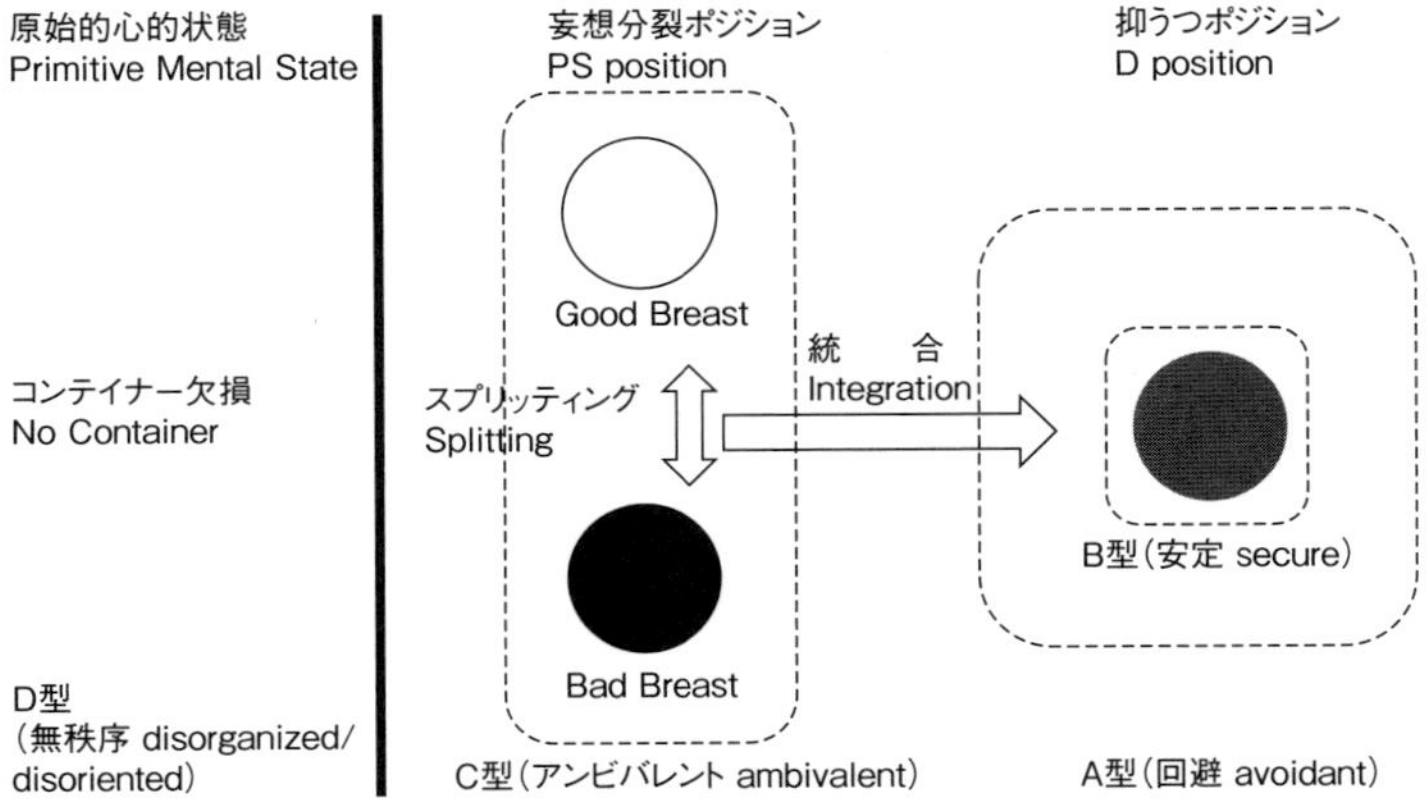

図 クライン派の発達論とアタッチメント・スタイル(SSP)

版社　一九六七）の中で、発表された概念です。これは多くの子どもに関わる専門家だけでなく、一般の人にショックを与えて、この結果として子どもたちの精神衛生に焦点があてられるようになりました。この詳細は本書に既述されています。

　このマターナル・ディリベーションは当時、モーズレイ病院の児童精神科医のマイケル・ラターから批判を受けることになります。ラターは持論を『母親剝奪理論の功罪』（誠信書房　一九七九）、『続母親剝奪理論の功罪』（誠信書房　一九八四）で展開しています。マターナル・ディプリベーションという概念は、マターナルとディプリベーションという双方に多くの変数を含むために、社会的、心理的、生理的、発達的な視点から、細かい分析が必要であるということでした。さらに、母子分離は子ども発達に重要なマイルストーンであり、これが影響を及ぼすのは早期母子関係でのボンディング形成にあることを論じました。また、母子関係での母親の役割を母親という質である、母性愛の機能として明確にしました。その結果、母親の独占的な母性愛という質ではなく、乳幼児に関わる時間が重要であることを指摘しました。これは、ある意味母親に代わる養育者であっても十分な機能があることを、希望的に示唆することになりました。ラターの批判は、研究者視点からすれば、当然のものであり、これは現代でも盛んな母子研究の礎となりました。ラターのこの考察は、皮肉にも一九八九年に崩壊したルーマニアのチャウシェスク政権後に発見された施設に収容された子どもたちの養子縁組や里親養育の研究に役立つことになりました。不幸なことに、この子どもたちこそ、まさに疑いもなく施設でディプリベーションを受けていました。一九九二年よりイギリス・ルーマニア養子研究が開始され、ある一定の社会的養護の有用性が実証されています。

ボウルビィの重視した母子関係ですが、この母子関係に大きな問題がある現代では、社会的養護という枠組みでの養育を考えざるをえない時代になっていると思います。

(3) アタッチメントと精神分析

ボウルビィの早期の業績からアタッチメントの研究に至る過程で、ボウルビィのアタッチメント理論は、精神分析の学派とは大きな隔たりができ、ボウルビィ自身も精神分析の中では孤立した存在となっていました。たとえば、英国の母子臨床のテキスト的書籍である『Parent-Infant Psychodynamics』(『母子関係の精神力動』岩崎学術出版社　二〇一一)には、クライン派、独立派のみならず、フランス、米国の論文まで幅広く多くの論文が収録されていますが、アタッチメントに関する論文は一切なく、アタッチメントは蚊帳の外です。つまり、ここには臨床実践と研究という大きな溝が露わになっていました。

こうした潮流にあって、アタッチメントと精神分析の連携を模索したのはピーター・フォナギーです。フォナギーは『Attachment and Psychoanalysis』(『愛着理論と精神分析』誠信書房　二〇〇八)において、アタッチメントと精神分析理論の和解を模索しました。フォナギーはアタッチメント理論と各学派の精神分析理論との接点と相違点を明確にしようと試行しました。たとえば、「クライン・ビオンモデル」の章では、フォナギーは接点として妄想・分裂ポジションと抑うつポジションという二分法と、アタッチメントの安定と不安定との間の関連性を以下のように指摘しています。妄想・分裂ポジションのスプリッティングは、成人愛着面接(ＡＡＩ)のコーディング・システムにおける不安定型、特にDsカテゴリー（愛着拒絶型）と同じ特質下にあるとしています。また、スプリッティングという「よい・悪い」といった対象の二極化は安定することなく、これはＡＡＩの矛盾や一貫性の欠如に相当するのではないかとしています。クライン派の発達論によれば、抑うつポジションでは、乳児は親を愛し、同時に憎むということに気づくようになります。このアンビヴァレンツ、自らの攻撃性によって対象を破壊してしまうかもしれないという恐怖によって、罪悪感を経験します。妄想・分裂ポジションから抑うつポジションへの統合のプロセスでのこころの痛みが深刻である時に、乳児においては躁的防衛としての否認や強迫的償い、脱価値化などの防衛が活発化します。これはＡＡＩのコーディング・スキーマでは、アタッチメントの価値の減損（侮蔑）、想起困難（否認）、理想化といった不安定型と同定されます。乳児がこのアンビヴァレンツに耐えることができれば、抑うつポジションへと統合されることになります。ＡＡＩでは、対人葛藤関係に巻き込まれている自分自身の役割を認識することが、語りの整合一貫性を高め、安定・自律型の特徴となります。自分のアイディアや情緒に気づくときに、それをモニターする能力は、安定したこころの状態のメタ認知的指標として得点化されることになります。さらに、シーガルはクラインの象徴形成のアイディアを展開して象徴化と昇華における抑うつ的償いを論じていますが、ＡＡＩにおいては、符号化は発語や言説の分析を強く志向し、安定型ではこの領域で優れた能力を認めることになります。また、スピリウスは「意図的スタンス」（他者を思考し感じる主体として知覚すること）の能力が芽生える時が抑うつポジションの開始となることを示唆していることを指摘し、これはＡＡＩの安定性のアセスメントに重要であるとしています。フォナギーはこのようにクライン派の発達理論とＡＡＩとの相関関係について詳細に論じています。

フォナギーはＡＡＩという成人との比較検討をしていますが、ＳＳＰとの関連については述べていません。これは、フォナギーがボウルビィの不満の根幹、つまりクライン派の理論が、フィクション的、メタファー的に乳児を「大人のようにみなしている」ことに同意しているからかもしれません。

次の接点として、フォナギーは投影同一化に関して論じています。フォナギーは攻撃性の展開の内的過程として投影同一化があるわけでなく、外的対象の重要性を示唆していますが、これとアタッチメントとの関係は複雑であるとしています。フォナギーは健康な発達としての投影同一化は一先ず、棚上げにして、投影同一化の病理的側面に焦点を当てます。そして無秩序型のアタッチメントの子どもが就学前後には統制的な行動を示し、関係性を支配し、時に親を侮蔑的に蔑むことを実例としてあげています。無秩序型の子どもは親の未解決のトラウマや乳児の不適切な養育の歴史、鬱病、薬物乱用と関連しているとされています。こうした剥奪的な環境下にある子どもは耐え難いほどの混乱に巻き込まれ、統合されない養育者の諸側面を内在化せざるを得なくなります。子どもの自己構造は断片化し、欠損したイメージの周囲に形成されることになります。こうした子どもは自ら一貫性のある自己を経験するために、断片化し欠損した部分を外的世界に投影同一化します。このように、フォナギーはクライン派の発達論とＡＡＩ、クライン派の病的発達と無秩序型の関連をピックアップしています。

その一方、フォナギーは相違点として、既述したボウルビィの批判、つまりクラインの理論が現実の経験を無視し、子どもの不安が素因的な性向から生じることから始めていることを指摘しています。

しかし、フォナギーはポスト・クライン派の精神分析では、環境的要因をクラインの発達論と組み合わせ、外的要因を重んじるようになってきてることにも注目しています。こうしたポスト・クライン派の理論変遷は、戦後の混乱期の子どものやむをえない剝奪環境から、虐待という保護者の悪意による行為へと問題が移ってきていることに起因しているように思います。さらに、フォナギーはアタッチメント分類が、成人になっても連続するというデータを強調してきたことについて、クライン派の発達論でPS⇕Dという往来の記号に集約されているように、複数の安定型と不安定型のワーキングモデルが子どものこころにそれぞれ存在している可能性を想定しなければならないのではないかと考えています。これは画期的な視点であり、アタッチメント研究の原点に立ち戻ったかのようです。つまり、安定、不安定型にはスペクトラムが存在し、単純に三分類できないということについて、本書にも記載されています。三分類はあくまでも便宜的な研究での分類であり、臨床的にはアタッチメント・スペクトラムといった方が馴染むでしょう。フォナギーは類似点に大きな紙面を割きながら、最後にクライン派の概念は「ファジー」であり、それは精神機能の経験的側面と非経験的側面との間の隔たりを超越し、精神の構造化を経験の領域の問題と変換する可能性があり、これは科学とは言いえないことを語っています。

フォナギーはほとんどすべての精神分析理論を参照して、最終的にメンタライゼーションが精神分析と愛着理論に中心的な意味を持つ特別な象徴機能であることを論じ、メンタライゼーションが双方の架け橋になるとしています。メンタライゼーションは自己や他者の行動の背後にある心理状態に注意を向ける能力であり、それは両理論のアイディアの過程において同時期に生まれてきたものであることも指摘しています。

繁多先生の本文と重複してしまいますが、メンタライゼーションは、心で心を思うこと（holding mind in mind）とされ、それは自己と他者の精神状態に注意を向けること、誤解を理解すること、自分自身をその外側から眺めることと他者をその内側から眺めること、（〜に）精神的性質を付与し、（〜を）精神的に洗練させることとされています。

フォナギーはメンタライゼーションに関連するものとして、内省能力について論じています。これは子どもが他者の信念、感情、態度、欲求、希望、知識、想像力、ふり、計画などについて考えることを可能にします。他者の行為の意味を知ることは、子どもが自分自身の経験にラベル付けをして、その意味を見出しうる能力と決定的な結びつきを持っています。この能力は感情制御、衝動統制、自己モニタリング、自己の発動性の経験に極めて重要な役割を担っています。また、この内省能力はアタッチメントと密接に関連していることを指摘します。さらに、ビオンのコンテインメントと多くの類似点を認め、乳児を心理的にコンテインし、身体的ケアという点からは、子どもの心的状態に関する覚知を示すような対応をすることであるとしました。安定したアタッチメントは首尾よく為されたコンテインメントの産物であるとすれば、不安定なアタッチメントは養育者の防衛的行動に対する乳児の同一化によるものです。アタッチメント軽視型の養育者は子どもの苦痛を映し出すことに失敗し、とらわれ型の養育者は子どもの状態を過剰なまでに明瞭に反応してしまいます。いずれにしても、子どもは自分の心的状況の表象を内在化する機会を逸してしまうことになります。養育者に近づくと、内省機能を損なうという犠牲を払ってアタッチメントが維持されることになります。つまり、養育者が子どものこころを理解することは安定した愛着の発達を促すことになります。養育者による子どもの心的状態の正確な読み取りは、その大人が子どもの苦痛に首尾よく対処することによって、ほどよいものとなり、子どもの内的状態の象徴化を支え、これがより上位の感情制御へと通じることになります。安定したアタッチメントは十分なこころの理解を獲得するうえでかなり強固な基盤を提供することになります。安定したアタッチメントの子どもは、養育者の心的状態について考えることに対して安心感を有しています。その一方、回避型の子どもは他者の心的状況から目を背け、アンビヴァレンツ型の子どもは自分の苦痛に自ら焦点化し、相互主観的な交流を閉め出してしまいます。無秩序型の子どもは養育者の行動に過度に用心深く、養育者の心的状態に鋭い感受性を見せつつも、それを自分の心的状況に汎化することができず、結果的にこの心的状態は制御されずに、まとまりのないものとなってしまうことになります。

フォナギーは、多くの視点から精神分析とアタッチメント理論の共通点を見出そうと試みています。しかし、アタッチメントの専門家の観察は乳児期に関する実証研究に基づき、成人期では構造化された状況の中で為されています。その一方、臨床実践での自由連想中の人間の行動を決定する変数が、統制されない実験現場と同じであることを立証することが困難であるともしています。

本書の翻訳書は読み難いところも多々ありますが、私は本書にはフォナギーの悲愴感が漂っているように感じました。従来であれば、他学派との相違を威風堂々と論じるべきところを、接点を見出すことを重視していることは、自我心理学派の将来への危機感の表れではないでしょうか。

（4）メンタライゼーション

フォナギーの精神分析とアタッチメントの架橋としてメンタライゼーションが表舞台に登場することになりました。その結果、臨床実践の応用として、『Psychotherapy for Borderline Personality Disorder: Mentalization based Treatment』（『メンタライゼーションと境界パーソナリティ障害――MBTが拓く精神分析的精神療法の新たな展開』）に詳細が記載されているように境界性パーソナリティ障害の治療に乗り出します。ここで、フォナギーとベイトマンはロンドンでMBTの治療プログラムを創案し、実証研究を行い、その効果性を証明しました。これは精神分析的面接だけでなく、デイケア等を含む多大のサポートの上に成り立っています。これは日本では現実的でない、患者へのサポートのように思います。しかし、それだけ日本の医療サービスの貧困さを実感することです。

さらに、アレンは『Mentalizing in Clinical Practice』（『メンタライジングの理論と臨床』）において、MBTは境界性パーソナリティ障害だけでなく、多くの精神疾患や異なる治療設定でも適応できること記載しています。また、MBTは精神分析を基盤とし、アタッチメント、社会認知、神経生物学、倫理学との関連を強調しています。メンタライジングはまず、アタッチメントにおいて発達する、あるいは発達することができないものとして理解され、これは精神分析理論から展開したものです。これに続いて、心の理論に関する発達的研究に示唆される社会的認知という領域がメンタライジングの発達についての大きな貢献をしていることを指摘しています。さらに、最近の神経科学における劇的な進歩がアタッチメントと社会的認知への理解を、科学的に裏付けています。そして、サイコセラピーはコミュニティで生きる上での諸問題と取り組むことになり、アタッチメントと社会的認知に関する科学的知識は、倫理に関わる問題を豊かにしていると論じています。このようにメンタライゼーションは多彩な領域と関わりを持つものとなり、アタッチメントはメンタライゼーションの中心として、精神分析という領域を越えて、発達研究、科学、社会という枠組で置かれたようです。

さらに、アレンはメンタライジングが自己認識の一部であり、そのために強い情動への対処を含む自己調整にとって重要なものであり、他者に関するメンタライジングは健康な対人関係にとって重要なものであるとし、メンタライジングは特別な斬新なものではなく、すべてのサイコセラピーにとって根本的なものであるとしました。最終的に、どのようなセラピーの成功も、クライアントとセラピスト双方のメンタライジング能力に依拠していると、これをすべての人の根幹を成すものとしています。こうなると精神分析の独自性はどこに行ったことになるのでしょうか。

アタッチメントの展開であるメンタライゼーションについて、独善的に振り返ってみましたが、アタッチメントはメンタライゼーションの理論の根幹を成していますが、あまりに汎化しすぎているようにも感じます。メンタライゼーションはすべての学派のサイコセラピーの重要な概念であり、さらに人の根幹として人間性などの哲学的思弁すらも包括するものとなった感があり、これではコンパスもなく大海に放り出されたと感じるのは私だけでしょうか。精神分析は大洪水によって固有の領土を失い、アタッチメントというエンジンを装備したメンタライゼーション号と名付けられたノアの箱舟に乗り込みなさいと警報を鳴らしているかのように思います。私には、どうしてもこのメンタライゼーション号に乗り込む気にはなりません。それは自分の臨床にとって、メンタライゼーションは当然のことであり、今さら、これを強調する意味を感じないからです。アタッチメントは本能であり、その汎化に異論があるわけではありませんが、ボウルビィの語ったアタッチメントのオリジナリティも失われてしまっているように思います。

最後に、アタッチメントは心理の専門家であれば誰でもその概要を知っている概念ですが、今やそれはとても複雑怪奇な研究とメンタライゼーションという膨大な臨床実践テーマとなっています。この基礎講義では、アタッチメントのオリジンから現代の研究、臨床への展開を繁多先生の基礎講義として提示していただき、アタッチメントの全貌とその潮流が明確になりました。私たちは研究や臨床の流行に飛びつく前に、重視するべきことは背景を知ることにあると思います。すべての研究や臨床概念には自らの研究や臨床を拡大する意図があり、それは純粋に真実とかけ離れていることが多いようにも経験しています。そうした意図を知ること、つまり私たちがメンタライゼーションすることがとても大切なことです。本書によって、ボウルビィが創案したアタッチメントの概念のオリジナリティから現代までの流れを理解し、個々の読者が生き生きとした臨床実践の参考として応用できるように期しています。

Interview (CAI). Journal of Infant, Child and Adolescent Psychotherapy.

van den Boom, D. (1994) The influence of temperament and mothering on attachment and exploration an experimented manipulation of sensitive responsiveness among lower-class mothers with irritable infants. Child Development, 65; 1457–1477.

van den Boom, D. (1995) Do first year intervention effect endure? Follow-up during toddlerhood of a sample of Dutch irritable infants. Child Development, 66; 1798–1816.

van IJzendoorn, M. (1995) Adult attachment representations, parental responsiveness, and infant attachment a meta-analysis on the predictive validity of the Adult Attachment Interview. Psychological Bulletin, 117; 387–401.

van IJzendoorn, M. and Sagi, A. (1999) Cross-cultural patterns of attachment universal and contextual dimensions. In J, Cassidy and P, Shaver (Eds.) Handbook of Attachment: Theory, Reserch and Clinical Applications. New York; Guilford Press.

van IJzendoorn, M., Schuengel, C., and Bakermans-Kranenburg, M. J. (1999) Disorganized attachment in early childhood: meta-analysis of precursors, concomitants, and sequelae. Development Psychopathology, 11, 225–249.

Ward, M. J. and Carlson, E. A. (1995) Associations among adult attachment representations, maternal sensitivity and infant-mother attachment in a sample of adolescent mothers. Child Development, 66; 69–79.

Waters, E., Merrick, S., Crowell, J. and Alberheim, I. (2000) Attachment security in infancy and early adulthood: a twenty year longitudinal study. Child Development, 71; 654–689.

Weinfield, N., Whaley, G. and Egeland, B. (2004) Continuity, discontinuity and coherence in attachment from infancy to late adolescence: sequelae of organization and disorganization. Attachment and Human Devlopment, 6; 73–97.

Winnicott, D. W. (1960) Ego distortion in terms of true and false self. reprinted in D.W. Winnicott (1965) The maturational process and the facilitating environment, 142–152, London: Hogarth.

Zeanah, C. H. and Benoit, D. (1995) Clinical applications of a parent perception interview in infant mental health. Child and Adolescent Psychiatric Clinics of North America, 4; 539–554.

Zeanah, C. and Boris, N. (2000) Disturbances and disorders of attachment in early childhood. In C. Zeanah (ed.) Handbook of Infant Mental Health. Second Edition. New York: Guilford Press.

Rutter, M., Beckett, C., Castle, J., Kreppner, J., Stevvens, E., and Sonuga-Barke, E.（2009）Policy and Practice Implications from the English and Romanian Adoptees（ERA）Study: Forty Five Key Questions. London, British Association for Adoption and Fostering.

斉藤晃（2013）脳機能とアタッチメントＤ群の形成・予後との関連性．科学研究費助成事業研究成果報告書（課題番号：21530712）.

Schore, A. N.（1994）Affect regulation and the origin of the self. NJ: Lawrence Erlbaum.

Shaver, P. R. and Mikulincer, M.（2002）Attachment-related psychodynamics. Attachment and Human Development, 4; 133–161.

Slade, A.（2005）Parental reflective functioning: an introduction. Attach Hum Dev 7; 269–281.

Slade, A., Belsky, J., Aber, L., and Phelps, J. L.（1999）Mothers' representations of their relationships with their toddlers: Links to adult attachment and observed mothering. Developmental Psychology, 35; 611–619.

Slade, A., Grienenberger, J., Bernbach, E., Levy, D., and Locker, A.（2001）Maternal reflective functioning: Considering the transmission gap. Paper presented at the Biennial Meeting of the Society for Research in Child Development. Minneapolis. MN.

Slade, A., Grienenberger, J., Bernbach, E., et al.（2005）Maternal reflective functioning, Attachment and the transmission gap a preliminary study. Attach Hum Dev 7; 283–298.

Smyke, A., and Zeanah, C.（1999）Disturbances of Attachment Interview. Available on the Journal of the American Academy of Child and Adolescent Psychiatry website at www jaacp.com via Article Plus.

Spitz, R. A.（1945）Hospitalism: an enquiry into the genesis of psychiatric conditions in early childhood. The Psychoanalytic Study of the Child, 1, 53–74.

Steel, H., Steel, M. and Fonagy, P.（1996）Associations among attachment classifications of mothers, fathers, and their infant. Child Development 57; 541–555.

Stern, D. N.（1985）The interpersonal world of the infant. New York: Basic Books.

滝川一広（2012）施設における心理臨床．増沢高，青木紀久代編：社会的養護における生活臨床と心理臨床．福村出版.

詫摩武敏，戸田弘二（1988）愛着理論から見た青年の対人態度——対人愛着スタイル尺度作成の試み．東京都立大学人文学報，196; 1–16.

Target, M., Shmueli-Goetz, Y., and Fonagy, P.（in press）Attachment representation in school-age children: The early development of the Child Attachment

Research and Intervention. Chicago University of Chicago Press.
Main, M., Hesse, E. and Kaplan, N.（2005）Predictability of attachment behavior and reoresentational processes at 1, 6, and 19 years of age. In K. Grossman, K. Grossman, and E. Waters（eds.）Attachment from Infant to Adulthood: The Major Longitudinal Studiese. New York. Guilford Press.
Meins, E.（1997）Security of Attachment and the Social Development and Cognition. London: Psychology Press.
Meins, E,, Fernyhough, C., Fradley, E., and Tucky, M.（2001）Rethinking maternal sensitivity: Mothers' comments on infants mental processes predict security of attachment at 12months. Journal of Child Psychology and Psychiatry, 42; 637–648.
Murphy, B. and Bates, G. W.（1977）Adult attachment styles and vulnerability to depression. Personality and Individual Differences, 22; 835–844.
Muzik, M. and Rosenblum, K.（2003）Maternal reflective capacity: associations with sensitivity and mental state comments during interaction. In: Biannual Meeting of the Society for Research in Child Development. Tampa. FI.
Nachmias, M., Ganner, M., Mangelsdoof, S., Parritz, R. and Buss, K.（1996）Behavioral inhibition and stress reactivity: the moderating role of attachment security. Child Development, 67; 508–522.
長沼佐代子（2005）成人における愛着の機能――AAIの愛着パターンと諸変数との関連．白百合女子大学博士論文．
Perry, B.（1995）Maltreated children: Brain development and the next generation. New York. Norton.
Potthrst, K.（1990）Explorations in adult attachment. New York: Peter Lang.
Prior, V. and Glaser, D.（2006）Understanding attachment and attachment disorder: Theory, Evidence, Practice. The Royal College of Psychiatrist. 加藤和生監訳：愛着と愛着障害．北大路書房，2008.
Prugh, D. G. and Harlow, R. G.（1962）"Maternal deprivation" in infants and young children. In Deprivation of maternal care. Public Health Paper No.14, Geneva: WHO, 9–29.
Rutter, M.（1972）Maternal Deprivation Reassessed. Harmondsworth, Middx: Pengin Books.
Rutter, M（1979）Maternal deprivation, 1972–1978: new findings, newconcepts, new approaches. Child Development, 50; 283–305.
Rutter, M.（1981）Maternal Deprivation Reassessed.（2nd edition）Harmondsworth Middx: Pengin Books.

Karen, R.（1994）Becoming attached. New York: Waner Books.
木部則雄（2016）精神分析の発達理論．田島信元ほか編：新発達心理学ハンドブック．福村出版.
小林登，石井威望，高橋悦二郎，渡辺富夫，加藤忠明，多田裕（1983）周産期の母子間コミュニケーションとその母子相互作用としての意義．周産期医学，13; 1883–1896.
Ladnier, R. and Massanari, A.（2000）Treating ADHD as attachment deficit hyperactivity disorder. In T Lavy（Ed.）Handbook of attachment interventions. New York: Academic Press. pp27–65.
Lavy, T. and Orlans, M.（2000）Attachment disorder as antecedent to viorence and antisocial patterns in children. In T.Lavy（Ed.）Handbook of attachment interventions. New York: Academic Press. pp.1–26.
Levy, D.（1937）Primary affect hunger. American Journal of Psychiatry, 94; 643–652.
Lorenz, K. Z.（1935）Der Kuman in der Umveit des Vogels. J. Orn.Bert. 83, English translation in C. H. Schiller（ed.）Instinctive behavior, New York: International Universities Press, 1957.
Lyons-Ruth, K., Alpern, I. and Repacholi, B.（1993）Disorganized infant attachment classification and maternal psychosocial problem as predictors of hostile-aggressive behavior in preschool classroom. Child Development, 64; 572–585.
Lyons-Ruth, K., Melnick, S., Sherry, S. and Llanas, L.（2004）Hostile-helpless relational models and disorganized attachment patterns between parent and their young children: review of research and imprications for clinical work. In L. Atkinson and S. Goldberg.（eds.）Attachment Issues in Psychopathology and Intervention. Hillsdale, NJ: Lawrence Erlbaum.
Main, M. and Cassidy, J.（1988）Categories of response to reunion with the parent at age six: predictable from infant attachment classifications and stable over a 1 month period. Developmental Psychology, 24; 415–426.
Main, M. and Solomon, J.（1986）Discovery of an insecure disorganized/disoriented attachment patterns: procedures, findings and imprications for the classifications of behavior. In T. Braxelton and T. Yogman.（eds.）Affective Development in infancy. Norwood NJ Ablex.
Main, M. and Solomon, J.（1990）Procedures for identifying infants disorganized/disoriented during the Ainsworth Situation. In M. Greenberg, D. Cicchetti, and E. Cummings（eds.）Attachment in the Preschool Year. Theory,

Perspectives (ed. S. Goldberg, R. Muuir, and J. Kerr), pp.233–278. Hillsdale, NJ; Analytic Press.
Fonagy, P. (1997) Attachment and theory of mind: Overlapping constructs? Association for Child Psychology and Psychiatry Occasional Papers, 14; 31–40.
Fonagy, P. and Target, M. (1997) Attachment and reflective functions: Their role in self-organization. Development and Psychopathology, 9; 679–700.
Fonagy, P., Target, M., Steel, H. and Steel, H. (1998) Reflective-Functioning Manual, Version 5.0, for Apllications to Adult Attachment Interview. London: University College London.
Fonagy, P., Gergely, G., Jurist, E. and Target, M. (2002) Affect Regulation, Mentalization and the Development of the Self. New York: Other Press.
Fromm, E. (1973) The autonomy of human destructiveness. New York : Rinehart & Winston.
George, C., Kaplan, N., and Main, M. (1986) Adult Attachment Interview Protocol (3rd ed). Unpublished manuscript, University of California at Berkley.
Goldfarb, W. (1943) The effect of early institutional care on adolescent personality. Journal of Experimental Education, 12; 106–129.
Gray, P. H. (1958) Theory and evidence of imprinting in human infants. J. Psychol., 46; 155–166.
Hunn, D. N., Castino, R. J., Jarosinski, J., and Britton, H. (1991) Relating mother-toddler negotiation patterns to infant attachment and maternal depression with an adolescent mother sample. Symposium conducted at the biennial meeting of the Society for Research in Child development. Seattle, WA.
繁多進（1987）愛着の発達．大日本図書．
繁多進，佐藤達哉，古川真弓（1991）Strange Situation における行動の分析．発達心理学研究，1(2); 97–106.
Harlow, H. F. (1961) The development of affectional patterns in infant monkeys In B. M. Foss (ed.) Deterninants of Infant Behavior. London: Methuen.
Harlow, H. F. and Zimmermann, R. R. (1959) Affectional responses in the infant monkey. Science, 130; 421.
Hazan, C. and Shaver, P. R. (1987) Romantic love conceptualized and attachment process. Journal of Personality and Social Psychology, 52; 511–524.
Hughes, D. N. (1997) Facilitating development attachment. London: Jason Aronson.
藤岡孝志（2008）愛着臨床と子ども虐待．ミネルヴァ書房．

Bowlby, J.（1979）The making and braking affectional bond. London: Tavistock.

Bowlby, J.（1980）Loss: sadness and depression, vol. 3 of Attachment and Loss, London: Hogarth Press.　黒田実郎他訳：母子関係の理論Ⅲ　愛情喪失. 岩崎学術出版社，1981.

Bowlby, J.（1988）A Secure Base: Clinical applications of attachment theory, London: Routledge.　二木武他訳：母と子のアタッチメント——心の安全基地．医歯薬出版株式会社，1993.

Brennan, K. A., Clark, C. L. and Shaver, P. R.（1998）Self report measurement of adult attachment: An integrative overview. In J. A. Simpson and W. S. Rholes（Eds.）Attachment theory and close relationships. pp.46–76. New York: Guilford Press.

Burlingham, D. and Froid, A.（1944）Infants without families. London Allen & Unwin.

Carlson, E.（1998）A prospective longitudinal study of attachment disorganization/disorientation' child. Child Development, 69（4）; 1107–1128.

Condon, W. S. and Sander, L. W.（1974）Synchrony demonstrated between movements of the neonate and adult speech. Child Development, 45; 456–462.

Crittenden, M. P. and Landini, A.（2011）Assessing Adult Attachment: A Dynamic-Maturational Approach to Discourse Analysis.　三上謙一監訳：成人アタッチメントのアセスメント——動的 - 成熟モデルによる談話分析．岩崎学術出版社，2018.

Egeland, B. and Susman-Stillman, A.（1996）Dissociation as a mediator of child abuse across generations. Child abuse and neglect, 20; 1123–1132.

遠藤利彦（2016）アタッチメント理論の新展開——生涯発達の視座から．田島信元ほか編：新発達心理学ハンドブック．福村出版.

Fantz, R. L.（1961）The origin of form perception. Scientific American, 204; 66–72.

Fonagy, P.（1991）Thinking about thinking; Some clinical and theoretical considerations in the treatment of a borderline patient. International Journal of Psychoanalysis, 72; 1–18.

Fonagy, P., Steele, M., Steele, H., Higgit, A., and Target, M.（1944）Theory and practice of resilience. Journal of Child Psychology and Psychiatry, 35; 231–257.

Fonagy, P., Steel, M., Steel, H. et al.（1995）The prodictive validity of Mary Main's Adult Attachment Interview: A psychoanalytic and developmental perspective on the transgenerational transmission of attachment and borderline states. In Attachment Theory: Social Developmental and Clinical

Adolescence, 16; 427–454.
Arnott, B. and Meinse, E.（2007）Links between antenatal attachment representations, postnatal mind-mindedness and infant attachment security; a preliminary study of mothers and fathers. Bull Menninger Clin 71; 132–149.
Bartholomew, K. and Horowwitz, L. M.（1991）Attachment styles among young adults: A test of a four-category model. Journal of Personality and Social Psychology, 61; 226–244.
Bateman, A. and Fonagy, P.（2004）Psychotherapy for Borderline Personality Disorder: Mentalization-based Treatment. Oxford University Press. 狩野力八郎，白波瀬丈一郎監訳：メンタライゼーションと境界パーソナリティ障害．岩崎学術出版社，2008.
Bender, L. and Yarnell, H.（1941）An observation nursery. American Journal of Psychiatry, 97; 1158–1174.
Benoit, D. and Parker, K. C. H.（1994）Stability and transmission of attachment across three generations. Child Development, 65; 1444–1456.
Bokhorst, C., Bakermans-Krenenburg, M., Fearon, P.,van IJendoorn, M., Fonagy, P., and Schuengel, C.（2003）The importance of shared environment in mother-infant attachment security: a behavioral genetic study. Child Development, 74; 1769–1782.
Boris, N., Hinashow-Fuselier, S., Smyke, A., Scheerings, M., Heller, S., and Zeanah, C.（2004）Comparing criteria for attachment disorders establishing reliability and validity in high-risk sample. Journal of the American Academy of Child and Adolescent Psychiatry, 41; 568–577.
Bowlby, J.（1944）'Forty-four juvenile thieves: their characters and home life' International Journal of psycho-Analysis, 25; 19–52 and 107–27.
Bowlby, J.（1951）Maternal care and mental health, Geneva: World Health Organization; London. 黒田実郎他訳：乳幼児の精神衛生．岩崎学術出版社，1967.
Bowlby, J.（1958）The nature of the child's tie to his mother, International Journal of Psycho-Analysis, 39; 350–73.
Bowlby, J.（1969）Attachment, vol. 1 of Attachment and Loss. London: Hogarth Press. 黒田実郎他訳：母子関係の理論Ⅰ 愛着行動．岩崎学術出版社，1976.
Bowlby, J.（1973）Separation: anxiety and anger, vol. 2 of Attachment and Loss. London: Horgarth Press. 黒田実郎他訳：母子関係の理論Ⅱ 分離不安．岩崎学術出版社，1977.

引用文献

Aber, J., Slade, A., Berger, B., Bresgi,I., and Kaplan, M.（1985）The Parent Development Interview. Unpublished manuscript, Barnard College, Colombia University, New York.

Ainsworth, M. D.（1962）The effect of maternal deprivation: a review of findings and controversy in the context of research strategy in: Deprivation of maternal care: a reassessment of its effect, Public Health Papers No.14, Geneva: World Health Organization.

Ainsworth, M. D.（1963）The development of infant-mother interaction among the Ganda' in B. M. Foss（ed.）Determinants of infant behaviour, vol.2, London: Methuen. New York: Willy.

Ainsworth, M. D. S.（1967）Infancy in Uganda: infant care and the growth of love. Baltimore: Johns Hopkins University Press.

Ainsworth. M. D. S.（1969）Maternal Sensitivity Scale: Revised. Johns Hopkins University. Baltimore: Mimeograph.

Ainsworth, M. D. S., Blehar, M. C., Waters, E., and Wall, S.（1978）Patterns of Attachment: assessed in the strange situation and at home, Hillsdale, NJ: Lawrence Ellbaum.

Allen, J. G., Fonagy, P., and Bateman, A. W.（2006）Mentlizing in Clinical Practice Washington D.C. American Psychiatric Publishing, Inc.　狩野力八郎監修，上地ほか訳：メンタライジングの理論と臨床．北大路書房，2014.

Andry, R. G.（1962）Paternal and maternal roles and delinquency. In Deprivation of maternal care. Public Health Paper No.14, Geneva: WHO.

安藤智子，遠藤利彦（2005）青年期，成人期におけるアタッチメントの測定法（1）アダルト・アタッチメント・インタビュー．数井みゆき，遠藤利彦編：アタッチメント――生涯にわたる絆．ミネルヴァ書房．

青木豊（2005）乳幼児期の愛着障害について．児童青年精神医学とその近接領域，46(5); 536–549.

青木豊（2006）反応性愛着障害について．乳幼児医学・心理学研究，15(1); 11–22.

Armsden, G. C. and Greenberg, M. T.（1987）The Inventory of parent and peer attachment: Relationship to sell-being in adolescence. Journal of Youth and

著者略歴

繁多 進（はんた　すすむ）

1965年　東京都立大学大学院人文科学研究科心理学専攻修士修了

1965年　東京都心理職（衛生局 伊豆長岡福祉園勤務）

1970年　林学園女子短期大学 専任講師、助教授

1973年　横浜国立大学 専任講師、助教授

1979年　タヴィストック・クリニックに留学

1987年　白百合女子大学教授

2009年　白百合女子大学名誉教授　現在に至る

著訳書　タヴィストック・子どもの発達と心理（0歳〜9歳、全10巻）（共訳　あすなろ書房　1982〜1986）

親と子どもの人間関係（第三文明社　1985）

愛着の発達（大日本図書　1987）

発達心理学ハンドブック（共編著　福村出版　1992）

乳幼児発達心理学（編著　福村出版　1999）

子育て支援に活きる心理学（編著　新曜社　2009）

新乳幼児発達心理学（監著　福村出版　2010）

企画・監修者略歴

木部 則雄（きべ　のりお）

1983年　京都府立医科大学卒業

同　年　聖路加国際病院小児科

1986年　帝京大学医学部付属病院精神神経科

1991年　タヴィストック・クリニック児童家族部門に留学

現　職　白百合女子大学 文学部 児童文化学科 発達心理学専攻教授

著訳書　クラインとビオンの臨床講義（共訳　岩崎学術出版社　1996）

クリニカル・クライン（共訳　誠信書房　1999）

入門メルツァーの精神分析論考（共訳　岩崎学術出版社　2005）

こどもの精神分析（岩崎学術出版社　2006）

こどものこころのアセスメント（監訳　岩崎学術出版社　2007）

自閉症の精神病理への展開（監訳　明石書店　2009）

母子臨床の精神力動（監訳　岩崎学術出版社　2011）

こどもの精神分析Ⅱ（岩崎学術出版社　2012）

発達障害・被虐待児のこころの世界（監訳　岩崎学術出版社　2012）

基礎講義 アタッチメント
―子どもとかかわるすべての人のために―
ISBN978-4-7533-1154-5

著　者
繁多　進

企画・監修
木部則雄

2019 年 8 月 29 日　第 1 刷発行
2025 年 4 月 18 日　第 3 刷発行

印刷　(株)新協　　製本　(株)若林製本工場

発行所　(株)岩崎学術出版社　〒101-0062 東京都千代田区神田駿河台 3-6-1
発行者　杉田 啓三
電話 03 (5577) 6817　FAX 03 (5577) 6837